# 花卉園芸の進展

岡山大学名誉教授
小西国義 著

2000

東 京
株式会社
養賢堂発行

# 序　文

　私がはじめて園芸学会全国大会に出席したのは1959（昭和34）年秋のことであるから，それからすでに40年が経過したことになる．その40年間に，日本の園芸と園芸学はめざましく進展した．栽培される種類も栽培方法もおおきく変わり，生産と消費の量も飛躍的に増えた．その間，私は京都大学農学部附属農場，茨城県園芸試験場，香川大学農学部，岡山大学農学部にあって，主として花卉園芸の分野から日本園芸の変遷，園芸の技術と経営の変わり様をみてきた．

　また，私自身は花の栽培技術の改善に，研究と普及の面で積極的にかかわってきた．手がけた研究は内容的にも多岐にわたっているが，その主要なものと主な共同研究者をあげると，① 開花調節と作型開発（稲葉久仁雄，五井正憲，吾妻浅男），② 土壌蒸気消毒（狩野邦雄）と養水分管理の合理化（景山詳弘，寺田幹彦），③ 機械植えを前提とした苗生産（後藤丹十郎），ということになる．そのほかに，④ 組織培養（元岡茂治），⑤ 花序の構成と発達（林孝洋），⑥ 球根の発育形態（安井公一）などについて研究した．土壌蒸気消毒をのぞけば，いずれも私の発案でおこなわれた研究である．対象とした花の種類も多く，数えてみると40種類を越えている．こういう研究を通して花卉生産の近代化，すなわち質のよい花を豊富に安く，安定して継続的に生産することを追求してきた．私のスローガンは，花の「良品，多収，安定，継続，低コスト生産」である．

　私は実用的であると同時に理論的であるような研究を心がけてきた．上にあげた研究は，花栽培の現場からの直接的あるいは間接的な要請によっておこなわれたものであって，その成果が実際栽培に役立てられているものも多い．それと同時に，花栽培や植物の生理生態についての理論の発展にも，いささかなりと役立ってきたと思っている．これら一連の研究，すなわち「多年生花卉類の生態反応の解明と近代的花卉生産技術の確立に関する研究」により，1998年4月に日本農学賞（日本農学会），読売農学賞（読売新聞社）を

受賞した．

　1997年3月に岡山大学を停年退職してからは，自前の80坪（260 m$^2$）の温室と数アールの畑で，「健康，研究，趣味，実益」を目的として花と野菜の栽培をしている．そこでは，開花調節と作型開発の研究のつづきとして真夏咲き花卉類の冬切り栽培，養水分管理の研究のつづきとして花とマスクメロンの土付き水耕栽培，および福助作り大菊（福助菊）の完全自動潅液栽培，苗生産の研究のつづきとして根巻きしない育苗鉢の開発，などについて研究をしている．

　この本では，この40年間の日本の園芸と園芸学の進展について，主として花卉園芸の立場から，それも私自身がかかわってきたことを中心にして述べた．ただし，上にあげた研究のうちの「球根の発育形態」については，植物学的には興味のあるところであるが，花栽培にはあまり役立つわけでないので省略した．また，私は育種と採種および花色素については，それをまったく研究しなかったわけではないが，系統的な研究はしていない．したがって，「花卉園芸の進展」と題してはいても，花卉園芸のすべての分野にふれたものではない．内容を私自身がかかわってきたことを中心にしたので，一人称つまり「私」あるいは「私たち」ではじまる記述が多くなった．

　なお一言，とくに若い研究者たちに言っておきたいことがある．それは，研究には「ゼロから一を生み出す研究」と「一を二にする研究」があるということである．最近では，一を二にする研究が多すぎるように思う．農学，園芸学のような応用の科学では，一を二にする研究もたしかに必要である．それによって技術が発展するからである．しかしながら他人（ひと）にインパクトを与える研究，「しまった！そんなこともあったのか！」とか，「なるほど！そういう考え方もあるのか！」というように，他人をうならせる研究は，一を二にする研究ではなくてゼロから一を生み出す研究である．すくなくとも私は，そういう考えで研究をしてきた．

　たくさんの人たちの協力をいただいて，楽しく研究を進めることができた．お付き合いした生産者たちにも，教えられるところがずいぶんと多かった．共同研究者をはじめ，そういう方がたには，「まことにありがたいことで

ありました.」と感謝している．また，本書の出版にあたっては，このように分野が片寄り，しかもかなり独善的な内容のものにその機会を与えていただいた養賢堂の及川 清社長ならびに矢野勝也取締役に心から感謝申し上げる．出版の実務を担当された佐々木さんにも，あわせてお礼申し上げる．出版に素人の書いた原稿が一冊の本になるのには，プロの編集者の力添えがいることを実感している．

    2000 年 3 月

小 西 国 義

# 目　　次

I. 序　論
　—この40年間の園芸の課題はなにであり，それはどのように解決されてきたか— ･･････････････････････････････････････････････1
　(1)「安全な」の課題 ･････････････････････････････3
　(2)「豊富に安く」の課題 ･･･････････････････････3
　(3)「多様で」の課題 ･･････････････････････････････5
　(4)「安定して」の課題 ･････････････････････････7
　(5)「継続的に」の課題 ･････････････････････････8
　(6)「質の良い」の課題 ･････････････････････････8

II. 作型の多様化 ････････････････････････････････11
　1. 作型という言葉の意味と由来 ･････････････11
　2. 作型分化はなぜ必要か ････････････････････16
　　(1) 長期出荷される種類は需要が多い ･････16
　　(2) 長期出荷は経営を安定させる ･････････18
　　(3) 自然開花期でないときの花は高く売れる ･････18
　3. 作型分化はなにによってなされたか ･････19
　　(1) 品　種 ･････････････････････････････････19
　　(2) 開花調節技術 ･･････････････････････････20
　4. 開花調節と植物の発育相 ･････････････････22
　5. 私の開花調節・作型開発研究 ･････････････27
　　(1) ダリアの冬切り栽培 ･････････････････28
　　(2) キクのロゼット化とその防止 ･･････････31
　　(3) キクのロゼット化促進による促成栽培 ･････38
　　(4) スターチス・シヌアータの脱春化防止による促成栽培 ･････44
　　(5) ミヤコワスレの脱春化促進による早期促成栽培 ･････46

(6) ワックスフラワー（Geraldton Wax）の未花熟化と再花熟化 ‥‥‥‥‥50
　　(7) 真夏咲き花卉の開花調節‥‥‥‥‥‥‥‥‥‥‥‥‥‥‥‥‥‥54
　付1. 植物の老化と若返り‥‥‥‥‥‥‥‥‥‥‥‥‥‥‥‥‥‥‥‥56
　　1. はじめに‥‥‥‥‥‥‥‥‥‥‥‥‥‥‥‥‥‥‥‥‥‥‥‥‥56
　　2. 植物の基本的矛盾の一つとしての老化と若返り‥‥‥‥‥‥‥‥‥57
　　3. 植物の寿命‥‥‥‥‥‥‥‥‥‥‥‥‥‥‥‥‥‥‥‥‥‥‥‥59
　　4. 高等植物の老化現象‥‥‥‥‥‥‥‥‥‥‥‥‥‥‥‥‥‥‥‥63
　　5. 高等植物の無性的若返り‥‥‥‥‥‥‥‥‥‥‥‥‥‥‥‥‥‥69

## III. 土壌・養水分管理‥‥‥‥‥‥‥‥‥‥‥‥‥‥‥‥‥‥75
　1. 日本におけるカーネーション栽培の技術革新‥‥‥‥‥‥‥‥‥‥‥76
　2. 水管理‥‥‥‥‥‥‥‥‥‥‥‥‥‥‥‥‥‥‥‥‥‥‥‥‥‥‥82
　　(1) 花卉の種類と水消費量‥‥‥‥‥‥‥‥‥‥‥‥‥‥‥‥‥‥‥83
　　(2) 蒸散量の日変化‥‥‥‥‥‥‥‥‥‥‥‥‥‥‥‥‥‥‥‥‥‥91
　　(3) 土壌水分レベルと蒸散量‥‥‥‥‥‥‥‥‥‥‥‥‥‥‥‥‥‥93
　　(4) 適正潅水点と潅水量‥‥‥‥‥‥‥‥‥‥‥‥‥‥‥‥‥‥‥‥95
　3. 栄養管理‥‥‥‥‥‥‥‥‥‥‥‥‥‥‥‥‥‥‥‥‥‥‥‥‥101
　　(1) 肥料で植物を育てようと考えるのは間違っている‥‥‥‥‥‥‥102
　　(2) 土壌中の栄養素濃度を適正範囲に維持する方法‥‥‥‥‥‥‥‥103
　付2. 福助作り大菊の栽培基準―福助菊栽培の手引き―‥‥‥‥‥‥‥110
　　1. 品　種‥‥‥‥‥‥‥‥‥‥‥‥‥‥‥‥‥‥‥‥‥‥‥‥‥110
　　2. 作業計画‥‥‥‥‥‥‥‥‥‥‥‥‥‥‥‥‥‥‥‥‥‥‥‥111
　　3. 土壌と養水分管理‥‥‥‥‥‥‥‥‥‥‥‥‥‥‥‥‥‥‥‥113
　付3. カーネーションの良品・多収・安定生産―坪千本採花の栽培基準―130
　　1. 母株の再選抜と苗の育成‥‥‥‥‥‥‥‥‥‥‥‥‥‥‥‥‥131
　　2. よい土の準備‥‥‥‥‥‥‥‥‥‥‥‥‥‥‥‥‥‥‥‥‥‥131
　　3. 定　植‥‥‥‥‥‥‥‥‥‥‥‥‥‥‥‥‥‥‥‥‥‥‥‥‥133
　　4. 摘芯と整枝および採花法‥‥‥‥‥‥‥‥‥‥‥‥‥‥‥‥‥133
　　5. 施　肥‥‥‥‥‥‥‥‥‥‥‥‥‥‥‥‥‥‥‥‥‥‥‥‥‥134

6. 潅　水 ······················································· 140
　7. 温度と光 ···················································· 141
　8. 実際栽培での成績 ········································ 142

Ⅳ. 苗生産 ························································· 146
　1. 植物の生育からみた移植適期と作業性からみた移植適期 ········· 147
　2. キク移植機の開発と機械植え用苗の生産 ················ 149
　3. 根巻きしない育苗鉢の開発 ······························· 155

Ⅴ. 園芸の分野における組織培養技術の利用 ················ 159

Ⅵ. 花序の構成と発達―良品生産のために― ················ 164
　1. 花序の構成と発達の規則性と可変性 ····················· 166
　2. 花序の構成と発達の制御 ·································· 170

あとがき ··························································· 176

## I. 序　論

—この40年間の園芸の課題はなにであり，
それはどのように解決されてきたか—

　私は，戦後の日本社会の転換期は1960年であったと思っている．1960年というのは日米安全保障条約の改定問題，いわゆる第一次安保闘争で，国内がゆれにゆれた年である．そのあおりを受けて7月に岸内閣がたおれ，池田内閣にかわった．大蔵大臣のときに「貧乏人は麦飯を食え」と国会で発言して物議をかもした池田勇人氏が，いわゆる月給倍増論をかかげて総理大臣になり，高度経済成長政策をとった．それ以来，日本はなにもかも変わってしまった．とくに初めの10年間の変化が大きかった．社会の変化が私たちの目にみえるようになったのは，それから5年ほどたった1960年代の中ごろである．1964年秋に東京オリンピックが開催され，その1カ月まえに東京と大阪間に新幹線が走ったが，そのころからコンビナート工場群から出される煤煙による大気汚染，いわゆる公害が社会問題になるようになった．農村から都会に人口が流出し，出稼ぎと過疎問題が起こった．

　私は1960年代の前半は茨城県園芸試験場で仕事をしていたが，国道でも全線が舗装されていたのは6号線だけであり，ほかの道路は国道も県道も砂利道で，でこぼこだらけの洗濯板であった．そういえば，「洗濯板」といっても若い人には何のことかわからなくなっていて，すでに死語になってしまった．そういう国道も，たまに町中の1kmぐらいだけが舗装されていて，車でそういうところにさしかかると，「ここには有力な県会議員がいるんだろう．」と話題にしたものである．いまでは，日本全国のどこにも砂利道はほとんどみられず，農家の庭先まで舗装されている．とにかく，1960年からの40年間に，日本は何もかも変わってしまった．

　農業，園芸も例外ではない．たとえば，プラスチック・フィルムが農業用としてガラスや油紙の替わりに使用されるようになったのは1953年のこと

であり，はじめはイネの保温折衷苗代に使われたが，間もなくそれは野菜や花の栽培にも使われるようになった．まずトンネル栽培に使われ，すぐにハウスにかわり，施設園芸という分野が急速に発達した．ちなみに，1960年の切り花総生産額に占める施設（ガラス室やプラスチックハウス）で生産された切り花の割合は40％であり，60％が露地ものであったが，5年後の1965年には半々となり，10年たった1970年には完全に逆転して，施設の切り花が60％を占めるようになった．いま日本のハウス面積は5万haを越えており，切り花の約75％が施設栽培によっている．5万haというのは，日本の耕地面積の約1％である．それだけの農地が，光を通すなんらかの資材で覆われている．古くからあったガラス温室の面積も増えたのではあるが，圧倒的に多いのはプラスチック・ハウスである．

なお，日本で農業用に使われるプラスチック・フィルムは主として塩化ビニルであり，プラスチック・ハウスのことを普通はビニルハウスと呼ぶのはそのためである．ほかの国では主としてポリエチレン・フィルムが用いられている．理由は日本で塩化ビニルが開発されたからであるが，燃やせばダイオキシンが発生する塩化ビニルで施設園芸がはじまったのは，いまから考えると間違っていたのかもしれない．

それはともかく，農業全体として栽培される種類や方法も大きく変わった．いまでは1950年代の農業はほとんどみられなくなっている．あの腰の痛かった田植えや田の草取り，稲刈りの作業はなくなった．「五月女が裳裾濡らして」田植えをする姿など，歌に残っているだけで，たまにイベントとしてテレビで紹介されることはあっても，普通はどこにもみられない．春蝉は鳴くが麦刈りする人の姿はなく，「菜の花畑に入り日うすれ」る風景もみられない．ちなみに，1960年の日本の食糧自給率は79％（カロリーベース），穀物自給率は82％であったが，いまはそれぞれ40％と25％になっている．

ではこの40年間の園芸の課題はなにであり，それはどのように解決されてきたのか．

大変動をしたこの間の園芸の課題をひとくちに言えば，変化してゆく社会のニーズにこたえて，「多様で質の良い安全な生産物を，豊富に安く，安定して継続的に，一般消費者に供給すること」であったと私は考えている．園芸の生産者や研究者，技術者はこの課題にこたえ，悪戦苦闘しながら，基本的にはそれを解決してきた．その課題解決の仕方を簡単にみてみよう．

### (1)「安全な」の課題

　この課題のなかの「安全な」というのは，花というよりは野菜や果物についてのことであるが，1960年代の終わりごろに加わった課題である．かつての園芸は，いまでいう自然農法，無農薬栽培にちかいものであって，使われる農薬といえば殺菌剤では石灰硫黄合剤と石灰ボルドー，殺虫剤では硫酸ニコチンとデリスぐらいのものであった．これらは人体に対する毒性が少なくて分解もしやすい．ところが1950年代から，毒性がつよくてしかも分解しにくい有機の水銀剤や燐剤，塩素剤が使われるようになった．これによって生産は安定化したが，私たちはこれらの農薬で汚染された毒入りの生産物を消費者に供給していた．とくに有機の水銀剤や塩素剤は，人間にとってきわめて危険な毒物である．私が残念に思うのは，毒入り農産物のことを最初に指摘したのは農業者（研究者を含む）と農林省の側ではなくて，消費者と厚生省の側であったことである．

　農薬の毒性はいまも問題なのであるが，かつてのものに比べて分解しやすいものになっている．とくに散布したあとで日光にあたると簡単に分解する．保管するときも，暗いところに置いておかないと効き目がなくなる．

### (2)「豊富に安く」の課題

　また，「多様で」という課題は，どちらかといえば1970年代の終わりごろに加わった．それ以前の社会，すなわち1960年代の終わりごろからの10年間は，人は他人（ひと）と同じものをもちたがった時代，つまり画一化の時代であった．背広が各人の体に合わせて作る仕立て服から，「首吊り」とよんでばかにされた既製服に変わったのはこのころである．この時代に，いろいろなもので規格品が大量に生産されるようになった．花についていえば，1970年代後半にはキク，カーネーション，バラの3品目だけで切り花総生産額の

3分の2を占め，キクが45％，カーネーション13％，バラは8％に達した年もある（第1表参照）．この時代に一つひとつの経営規模が大きくなり，少品目を大量に生産することによって生産コストが引き下げられた．とくに省力化技術がすすんだ．たとえば私が園芸にかかわりだした1960年ごろには，一人でカーネーションを栽培管理できる温室面積は80〜100坪（260〜330 $m^2$）とされていた．針金と糸で張っていたネットがプラスチックのフラワーネットに替わり，ホースによる手灌水がパイプとノズルによる自動灌水に替わるなどして，いまではそれが300坪（1,000 $m^2$）になっている．そのほかの種類についても同じことがいえる．こうして，「豊富に安く」の課題が解決された．

かつて花はきわめて高価なものでり，庶民にとっては文字どおり高嶺の花てあった．たとえば1937（昭和12）年の園芸のカタログにダリア球根が一つでなんと20円，バラ苗の1本が1円というのがある．小学校の校長先生の月給が100円，中等学校出の国家公務員の初任給が30円時代の話である．高かったのは趣味園芸用の苗木や球根だけではない．切り花もかなりな高値で取引されていた．1937年1月1日発行の「大日本園芸組合報」に，高級園芸市場12月27日調べとして前年末の切り花の相場，卸売価格が紹介されている．その中から二，三の例をあげるとカーネーションは40本あたりで品種'イルミネータ'の上物が4円70銭，中物4円50銭，'デンバーピンク'の上物7円，中物5円50銭となっている．バラは10本単位で'ペルネー'の上物が4円60銭，中物3円30銭，洋菊'パッテー'の上物が10本で1円90銭となっている．洋菊というのは，日本から欧米，とくにアメリカに渡ったキクが切り花用として改良され，それが逆輸入されてきたもののことである．キクは日本では江戸時代から発達していたが，それはもっぱら鉢植えや庭園（花壇）用であった．それと区別して，切り花ギクをとくに洋菊と呼んだ．それはともかく，公務員の初任給は当時の5,500倍以上になっているから，それを基準にして現在の値段と比べると，花がどれほど高かったかがわかる．

もっと古く，1926（大正15）年11月には，テッポウユリ切り花の小売価

格が花1輪で1円20銭であったという資料(「實際園藝」1巻12月号)がある．同じ年の大工の手間賃は2円50銭であった(日本統計要覧)．花が4輪ついた切り花なら，2日働いてようやく1本が買えた．私の住んでいる岡山市では，毎年4月になると職人の統一手間賃が1日いくらであるかということを飛行機で宣伝してまわる．今年(1999年)は聞きもらしたらしいが，昨年は2万3千円というのが「天の声」であった．1本230円の花でも，1日の手間賃で100本買えることになる．

ものはかならず安くなる．おカネの値打ちは時代によって変わるので，1日働いてどれだけのものが買えるか，あるいはあるものを買うのに何日間働かなければならないかで比べたとき，人が作るもの，どこかからとってくるものはかならず安くなる．貨幣の歴史がはじまって以来，すなわちおカネでものが売り買いされるようになって以来，高くなったものはない．私の若かったころには，自分で自分の車を運転することなど，月世界に行くよりもむずかしいことのように考えていた．いまでは，駐車場が広くとれる田舎には，1家に2，3台の車がある．また，私の高校時代には腕時計はあこがれの的であったが，いまではほとんど狂いのない腕時計が，いつの間にか引き出しの中に何個も入っている．あの「お宮さん」の目を眩ませたダイヤモンドでさえ，いまでは普通の若者が婚約指輪に買えないこともないようになった．とにかく，ものは安くなる．

花についても同じことがいえる．かつてバラやカーネーションは高級花であり，庶民には手の届かない高嶺の花であった．いまは手の届く花になっている．ランも同じである．花の歴史は大衆化の歴史でもある．さきに園芸の課題として，わざわざ「一般消費者に供給すること」としたのは，そういう意味である．

(3)「多様で」の課題

その後，1970年代の終わりから多様化の時代，人は他人とちがうものをもちたがる時代になった．私は1970年代の中ごろに，百貨店で首吊りの背広服を買ったことがある．さすが画一化の時代である．それとまったく同じものを，私より年上で給料の高い隣の研究室の教授が身につけて出勤してき

た.「なに！負けられるか！ここで負けたら服代がむだになる！」というわけで，私は意識的に毎日それを着て大学にでた．そのうちにむこうが気づいたのか，着てこなくなった．私の勝ちである．いまは既製服を着ていても，そういうことはほとんどない．既製服そのものが多様化しているからである．車についても同じことがいえる．1970年代までは，自分の車と同じ型式，同じ色の対向車がよくみられたが，いまではそういうことはめったにない．人びとの要求が多様化し，それに合わせて多様な服や車をつくる技術が開発されたからである．

それは服や車といった工業製品だけでなく，園芸生産物，とくに花についてもいえる．生産，消費される花の種類が多くなり，一つの種類のなかでも品種が多様化した．私は1980年に「カーネーション生産技術」（養賢堂）という本を出版した．こういう本には品種解説を書くのが普通であるが，私はそれを省略した．それでよかったと思っている．原稿を書いていたころには，日本で栽培されていた品種の数はまだわずかであったが，出版されて5年後に開かれた全国カーネーション大会で種苗業者が展示した見本品種の数はなんと300を越えた．品種解説をしておれば，私の本は数年で時代遅れになるところであった．それ以来，カーネーションの品種はめまぐるしく変わり，いまも変わりつづけている．

種類も驚くほど増えた．私は1986年に「花卉園芸の事典」（朝倉書店）という本，花の種類ごとにその性質や栽培法を解説した本を共同で編集して出版した．取り上げる種類は花を扱っている種苗会社のカタログから選んだのであるが，その数は464種類にもなっている．そのあとでカタログにのるようになった種類は，数十をはるかに越えているように私はみている．そして，それらの新しい花の生産量が増えた．キクやカーネーション，バラの生産量はいまも増えつづけているのであるが，ほかの種類の生産量が増えたために比重は下がり，キクは切り花総生産額の33％，カーネーションは8％程度，バラだけはいくらか増えて10％ぐらいになっている（第1表）．ちなみにカーネーションについてみると，切り花総生産額の13％を占めていたときの栽培面積は約280 haであった．いまは約550 haである．面積は約2

第1表 切り花の種類別生産額(億円)および比率(%)の推移
(農水省調べ「花き類の生産状況等調査」より小西国義が計算,作表)

| 種　類 | 1965年 生産額 | 比率 | 1970年 生産額 | 比率 | 1975年 生産額 | 比率 | 1980年 生産額 | 比率 | 1996年 生産額 | 比率 |
|---|---|---|---|---|---|---|---|---|---|---|
| キ　ク | 57 | 39.6 | 123 | 42.4 | 282 | 44.9 | 516 | 45.7 | 954 | 32.7 |
| カーネーション | 21 | 14.6 | 38 | 13.1 | 76 | 12.1 | 140 | 12.4 | 234 | 8.0 |
| ユ　リ | 6 | 4.4 | 15 | 5.2 | 28 | 4.4 | 48 | 4.2 | 228 | 7.8 |
| チューリップ | 5 | 3.6 | 8 | 2.9 | 14 | 2.2 | 18 | 1.6 | 66 | 2.3 |
| ストック | 2 | 1.6 | 4 | 1.5 | 13 | 2.1 | 25 | 2.2 | 39 | 1.3 |
| バ　ラ |  |  | 15 | 5.2 | 45 | 7.2 | 100 | 8.9 | 307 | 10.5 |
| 枝物類 | 13 | 9.3 | 29 | 10.0 | 56 | 8.9 | 61 | 5.4 | 129 | 4.4 |
| 葉　物 |  |  |  |  |  |  |  |  | 60 | 2.1 |
| トルコギキョウ |  |  |  |  |  |  |  |  | 88 | 3.0 |
| 洋ラン |  |  |  |  |  |  |  |  | 77 | 2.6 |
| カスミソウ |  |  |  |  |  |  |  |  | 73 | 2.5 |
| スターチス |  |  |  |  |  |  |  |  | 67 | 2.3 |
| リンドウ |  |  |  |  |  |  |  |  | 42 | 1.4 |
| スイートピー |  |  |  |  |  |  |  |  | 39 | 1.3 |
| その他 | 39 | 27.0 | 57 | 19.7 | 114 | 18.1 | 222 | 19.7 | 516 | 17.7 |
| 合　計 | 144 |  | 290 |  | 629 |  | 1129 |  | 2919 |  |

空欄は調査なし

倍になっているのに,生産額の比率は半分に近い.都会での消費額でみると,この3種類の比率はもっと低い(第2表参照).とにかく,とくに1980年代に花の多様化がすすんだ.いったいに,ある国の文化程度が高くなるということは,国民の選択できる幅が広がることでもある.それは物だけでなく知識や情報,芸術,宗教などについてもいえることである.花の場合も種類と品種の多様化がすすみ,消費者の選択の幅が広がった.

(4)「安定して」の課題

生産の安定化も大切な課題であった.かつての園芸は生産が安定していなかった.私が茨城県園芸試験場で仕事をしていた1960年代の初期には,農家の間でしばしば「今年は西瓜3反歩を張った」とか,「白菜を5反歩張った」という言葉が聞かれた.「張った」というのは,サイコロを転がして勝ち負けを決める丁半賭博(バクチ)の言葉である.当時は生産が安定しておらず,作付け計画の時点では収穫と収入の予測ができないために,農家は作物

栽培でバクチをしていた．当時の茨城県は，夏はスイカ冬はハクサイをそれぞれ4千 ha 栽培していて，東京市場に入荷される量の60％以上が茨城県産で占められていた．野菜は市場に入荷される量が平年の2割減であると値段は2倍，2割増で半値になるのが普通である．ハクサイを5反歩 (50 a) 栽培して，豊作で120％ (平年の6反歩分) の収穫があったとすると，販売額は平年の3反歩分にしかならない．逆に20％減の不作で4反歩分の収穫なら8反歩分の売上になる．これで十分にバクチがでてきたのである．40年前の園芸は，いうなればバクチ園芸であった．いまでは，台風その他の大きな自然災害さえなければ，作付け前におおよその収穫，収入の予測ができる程度にまで生産が安定している．なお，世界の農業は，いまもなお「天の恵み，地の湿り」にたよっており，お天気まかせである．

(5)「継続的に」の課題

園芸生産物の多く，とくに花は穀物などと違って長期貯蔵ができない．そのために，長期継続出荷が重要な課題になる．長期継続出荷には施設化が大きく貢献した．そして，施設を使ったうえで，継続出荷に三つの方法がある．その一つは，カーネーションやバラのような四季咲き性の種類を栽培することである．第二は，開花期の違ういろいろな種類を組み合わせてつぎつぎに出荷する方法であり，三つ目は開花調節の技術を使って自然開花期と違う時期に開花させて出荷する方法である．花卉園芸の分野では，古くから開花調節の技術が研究されてきたが，とくにこの50年間にそれが著しくすすんだ．このことについては，次の「作型の多様化」の章でくわしく述べる．

(6)「質の良い」の課題

花ほど品質によって値段の違う農産物はない．同じ日の同じ市場で，キクならキクといった同じ種類の切り花の値段が，最高値と最安値とで50倍も違うことがある．10倍や20倍というのは日常茶飯事である．私は一人が1千坪 (3,300 m$^2$) ずつを経営しているカーネーション団地を知っているが，最高の売上をした人は3,500万円 (坪35,000円)，最低の人は2,000万円だった年がある．この差は，切り花本数というよりは品質，したがって単価の違いによるものである．

では，品質のよい切り花とはどんなのをいうのか．簡単にいえば，それは花瓶に挿してちゃんと花が開き，その花が長もちする切り花のことである．そういう意味での良品生産は，栽培管理の面からも古くから追求されてきたところである．しかしながら，花もちをよくする技術でこの30年間に発達したのは，切り花処理剤（延命剤，保存剤）であろう．はじめは消費者の段階，つまり花瓶の水に処理剤を加えて花もちをよくする研究がおこなわれていたが，1980年代になって切り花生産者が薬液処理して出荷する技術が開発され，ひろく普及するようになった．処理剤の利用はまずカーネーションからはじまったが，それによってカーネーションの花もちは2倍になった．そのほか，花もちがわるくて切り花としての需要がなかったデルフィニウムなどが，切り花処理剤を使うことにより商品になるようになった．

　このように，日本の園芸の生産者や技術者，研究者は変化してゆく社会の要求にこたえ，基本的には課題を解決して今日に至っている．その課題解決の方策は，主として栽培の施設化と，そのもとでの作型の多様化，およびそれぞれの作型における栽培管理の合理化と省力化であったと私は考えている．合理化というのは，「理屈に合ったようにする」との意味である．以下の章では，こういう観点からこの40年間の園芸の技術発展をみていきたい．ただし，私の専門である花卉園芸の立場から，しかも私がかかわってきた問題について述べることにする．
　なお，社会が解決を要求する課題は時代とともに変わってゆくのであるが，それは新しい重点課題が付け加わるのであって，さきに提起され，解決された課題が消えてなくなるわけではない．解決されたといってもそれは一応の解決であって，その課題はいつまでも残り，なおいっそうの改善が要求されつづけるのが普通である．たとえば花を「豊富に安く」生産する技術は1970年代に飛躍的にすすんだが，低コスト生産の課題は今もなお残っている．それと関係して最近の動きでめだつのは，成品（完成品＝切り花，鉢花）生産と苗生産の分離である．これは1970年代にカーネーションで起こったことであり，それがすすんでいまでは植え付けられるカーネーション苗の90

％以上が購入苗になっている．苗生産を専門業者にまかせることが省力化につながるからである．成品生産と苗生産の分離は，いまほかの種類，さらには野菜にまで広がりつつある．

　その苗生産の分離と普及には，セル成型トレイ（プラグトレイ）と軟質プラスチックポット（ポリポット）が決定的に重要な役割を果たしている．いま花苗や野菜苗が園芸店やホームセンターにあふれているが，こういう趣味用あるいは家庭菜園用の苗も，ポリポットなしには普及しなかったであろう．かつては「地掘り苗」といって，畑で育てた苗を掘りあげて根鉢を稲わらで巻いて出荷していたが，それではいまのような苗の普及はむずかしい．

　商品としての苗の生産にポリポットが果たした役割は大きいのであるが，そのポリポットにも欠点がある．その一つは鉢底に根がぐるぐると巻くことである．そのために根詰まりして，長期育苗がむずかしい．もう一つは，鉢から抜いて植える手間とポットの処分である．いまは使い捨てで焼却しているが，資源節約の点で問題がある．やがては，紙などの生分解性の資材による育苗鉢に替わるだろう．技術とはそういうものである．先端技術は最先端技術によって置き換えられ，それが繰り返される．

## II. 作型の多様化

さきに述べたように，この40年間の花卉産業に課せられた課題の解決策は，栽培の施設化とそのもとでの作型の多様化，栽培管理の合理化と省力化であった．そのなかの作型の多様化について，その歴史をふくめて説明したい．

### 1. 作型という言葉の意味と由来

作型というのは日本の園芸の分野にみられる概念であり，日本独特のものである．日本作物学会編集の「作物学用語集」では，その英語訳を cropping type としているが，これから述べるように，意味がかなり違う．内容的にはむしろ cultivation system のほうが近いようである．しかしながら，それも適切な訳語だとはいえないように思われる．園芸学会編集の「園芸学用語集」では，対応する英語はないということで，英語欄は空白にしてある．

日本の国土は南北に細長く，南は西表島の北緯24度（もっと南に南大東島があるが，離れ小島なのでそれを省く）から北は宗谷岬の44.5度まで，緯度にして約20度，距離では3千kmにもわたっている．そのために園芸が営まれている土地の気候条件は地域によってまちまちであり，同じ種類の花であっても，その自然開花の時期は地域によって大幅に違っている．たとえば桜前線をとってみても，'染井吉野'の開花時期は鹿児島の3月下旬から札幌の5月上旬まで約40日間の違いがある．沖縄には'染井吉野'がなくて桜といえば'緋寒桜'であるが，花見は1月中旬にはじまる．'染井吉野'が鹿児島より約10日遅れて開花する岡山では'緋寒桜'は春の彼岸ごろに開花するから，沖縄と岡山との開花期の差は約60日ということになる．

また，日本の土地は高低差が大きい．桜の開花期は標高で30 m上がるごとに1日遅れるとされる．長野県では海抜1千mを越えるところで園芸がおこなわれているが，そこでは山梨県の平地よりも1カ月以上遅れて開花する．ただし，沖縄の'緋寒桜'は山の上から下に，北から南に向かって開花し

てゆく．これは，受けた低温の量によるのである．1月までに低温を多く受けたところの樹が早く開花する．

さらに，日本は季節による寒暖の差がきわめて大きい．岡山でも，夏は日最低気温が 25 ℃ 以上の熱帯夜が何日間もつづき，冬はしばしば氷点下の温度になる．夏は熱帯，冬は亜寒帯の気候である．この気候特性は，世界の園芸生産国のなかではきわめて特殊である．また日本は山国であるために地形が複雑であり，南斜面もあれば北斜面もある．そのうえ土壌の母岩と生成要因がその土地により違っていて，土壌条件もまちまちである．

こうことであるから，日本では地域により，また季節によって大幅に異なる気候条件と複雑な地形，多様な土壌条件のもとで園芸が営まれている．そのために，同じ種類の作物であっても，栽培される品種や栽培方法は地域と季節によってさまざまである．作型という用語すなわち概念は，それぞれの作物の栽培体系が地域と季節によって複雑多様に分化した日本の園芸の分野で生まれたものであり，日本独特の概念である．

その概念をひとことで言い表すのはむずかしいのであるが，私の著書「花の園芸用語事典」（川島書店）では次のようになっている．すなわち，「同じ種類の作物であっても，その栽培時期や栽培方法はさまざまであり，場所や季節の条件に合わせて品種が選ばれ，それぞれに適した管理方法で栽培が行われている．それらの多様な栽培様式を作付け時期や栽培方法で類型的に分け，それぞれを一連の技術体系として示したのが作型であり，『テッポウユリの促成栽培』，『キクの電照栽培』のような略称で呼ばれる．園芸作物の栽培方法が複雑に分化，発達している日本独特の概念である．」

作型はしばしば第1図のような図式で示される．この図で，たとえば「テッポウユリの超促成・2度切り栽培」という場合，それは技術体系あるいは栽培システムを意味しているので，その言葉のなかには栽培時期のほかに，暖地産の早掘り球根の使用，球根の休眠打破促進のための温湯処理，バーナリゼーション（春化）としての低温処理とその温度および期間，あるいは低温処理後の涼しい温度による催芽，温室栽培であることと栽培中の暖房温度，さらには一番花を切ったあとで球根を露出させて発芽をはやめる作業など，

1. 作型という言葉の意味と由来 (13)

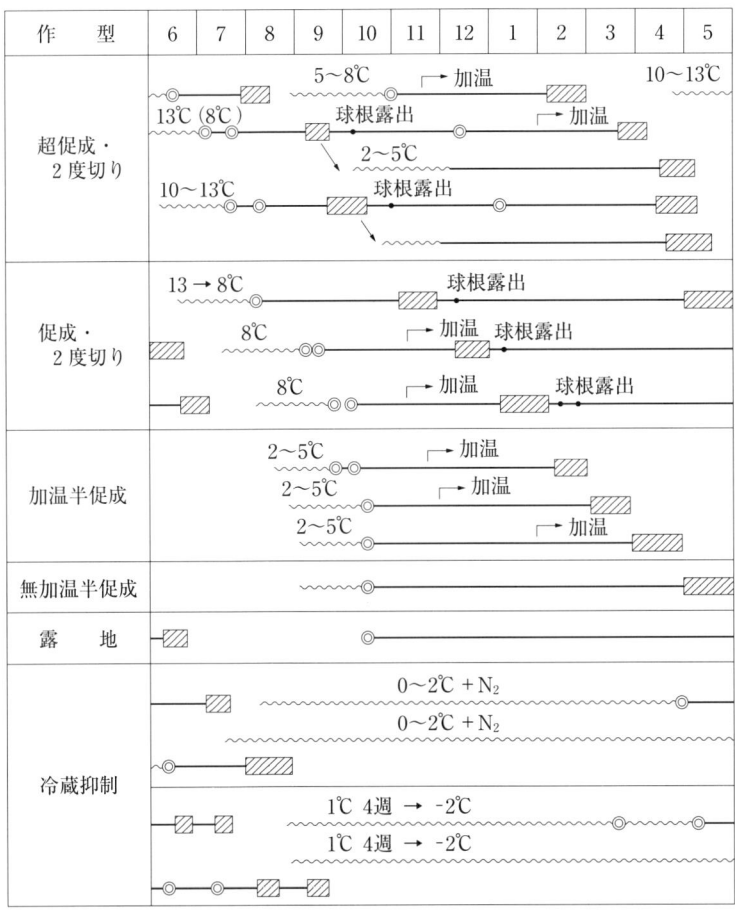

第1図 テッポウユリの作型（松川時晴，1986，花卉園芸の事典，朝倉書店）

一連の管理技術も含まれている．そして，それらの管理技術は，作型によってすこしずつ異なる．たとえば球根の低温処理の温度は，超促成栽培の場合は10～13℃であるが，開花時期がそれよりも遅い促成栽培では8℃に，さらに遅い半促成栽培では2～5℃に下げられる．

作型という用語は，野菜園芸の分野で1950年代の後半にうまれた言葉で

## II. 作型の多様化

ある．花卉園芸の分野では1970年代に使われるようになり，最近では果樹園芸の分野でも使われるようになった．よく知られていることだが，作型の用語をはじめて使用したのは熊沢三郎氏である．彼は，1956年に出版したその著書「蔬菜園芸各論」で，「それぞれの作付に対しては可能な範囲において適温地帯，適土地帯，適品種が選択され，防寒，防暑，被覆，潅水，病虫害防除その他の管理法が取捨される．その取捨選択の結果が綜合されて，各作付毎に大なり小なり或程度独立し分化した技術体系を作り上げることになる．」としたうえで，その分化したそれぞれの技術体系を作型と呼ぶことを提唱した．その3年前に出版された「蔬菜園芸総論」では，「作型」ではなくて「作付型」となっているが，意味はまったく同じである．

作型という語の由来はこういうことであるが，たとえばユリの「促成栽培」や「抑制栽培」というような言葉と概念そのものは，もっと古くからあった．大正15年，1926年10月に創刊された「實際園藝」という雑誌がある．それをみると，1920年代後半から1930代の日本の花卉園芸の事情がよくわかる．この雑誌は石井勇義氏の編集による花卉専門の技術普及雑誌（なぜか一部に鯉や金魚などの観賞魚の記事がある）であるが，第二次世界大戦中に紙が配給制になったとき，花だけの雑誌では配給を受けられなくて廃刊になった．なにしろ当時は花を栽培するのが「国賊」とされた時代である．私は，花を作っていて警察に引っ張られた話を本人から直接聞いたことがある．戦後は「農耕と園芸」として，野菜や果樹を加え姿を変えて復活した．同じ年（昭和元年）に創刊された「農業および園芸」誌は，一般作物や野菜の記事が主体であったので，食糧増産に役立つとされて紙の配給を受けつづけた．そのために，その巻数と昭和の年次が一致する．

それはともかく，「實際園藝」の1巻2号（1926年11月号）に「鐵砲百合の温室開花法」という記事があり，テッポウユリを10月下旬から春までに開花させる方法が解説してある．そのなかに「促成開花」と「抑制開花」という語がでてくる．促成開花となっているが，内容的には現在使われている促成栽培と同じ意味である．また，「促成開花」や「抑制開花」だけでなく「促成栽培」，「抑制栽培」の語も使われており，同じ号のつぎのページではじま

る記事は「促成栽培を始める人々へ」となっていて、促成栽培という言葉の意味まで解説してある。それらの記事によると、促成栽培と抑制栽培の分け方は、いまとまったく同じである。すなわちテッポウユリについてみると、抑制栽培というのは夏に掘り上げた球根を室温で貯蔵しておき、3月上旬から$32 \sim 33°F$、つまり0℃ぐらいの冷蔵庫で貯蔵しておいて8月下旬から順次鉢に植え付け、それを温室に入れて10月から1月に開花させる栽培法のことである。それに対して、早掘り球根を8月に鉢や箱に植え、0℃ぐらいで1カ月間の低温処理をしたうえで温室に入れ、1月から開花させるのが促成栽培だとされている。現在では促成栽培による開花の時期が9月にまで早くなっているが、それは沖永良部などの暖かい地方で生産された早掘り球根を使い、休眠打破促進のための温湯処理がおこなわれるようになったからである。促成栽培と抑制栽培との開花時期が重なるようになった現在でも、促成栽培と抑制栽培の分け方の基準は当時と同じである。すなわち、その年にできた新しい球根を使い、「低温処理」をして開花を早めるのが促成栽培であり、前年産の球根を「低温貯蔵」して生長を停止させておき、出庫と植え付けの時期を変えて開花時期を調節するのが抑制栽培である。

　このように、1920年代にはまだ作型という言葉はなかったが、花卉園芸の分野ではすでに作型が分化し、作型に相当する概念はあった。ただし、それがいつごろにうまれたのかは明らかでない。日本では、18世紀の初期には岡室（おかむろ）と呼ばれた施設、つまり南面から光を取り入れる土蔵のような栽培施設を使って、鉢植えのウメやハナモモあるいはラン類の促成栽培がおこなわれていた。また温床（フレーム）を用い、稲わらや枯れ草などに米ぬかや菜種かすなどを混ぜて踏み込み、それが発酵するときにでる熱（醸熱）で暖める方法により、ナスその他の夏野菜を春から収穫する早出し栽培もおこなわれていたので、作型の概念がうまれたのはかなり古いことかも知れない。なお、踏み込み温床による野菜の促成栽培は、1950年代の終わりごろまでみられた。1960年代に電熱ケーブルを熱源とする電熱温床に変わり、プラスチックハウスが普及した現在では、「温床」の用語も死語になった。

## 2. 作型分化はなぜ必要か

### (1) 長期出荷される種類は需要が多い

都会の花店で，花を買いにきた人や花に関心のある人たちの意向を聞いたところでは，買いたい花として「野の雰囲気のある花」や「季節感のある花」をあげる人が多かったと報告されている．自然が失われた都会で，そのうえ冷暖房のきいた部屋で生活している人たちのことを考えると，一応は納得のゆく話である．しかしながら，花店で実際によく売れているのはそういう花ではない．日本花き卸売市場協会が都市部の市場で調査して発表した平成6年と10年の「花き卸売価格等調査」をみると，取引額でみた消費の多い種類の順番は第2表のようになっている．それによると，切り枝や切り葉，洋ラン類には多くの種類が含まれているのでそれらを除けば，平成10年に最も多いのはキクであり，ついでユリ類，バラ，カーネーション，トルコギキョウ，シュッコンカスミソウ，スターチス，チューリップの順になってい

第2表 花卉卸売市場における切り花取引額の品目別比率 (%) と順位
（日本花き卸売市場協会調べ「花き卸売価格等調査」より小西国義が計算，作表）

| 平成6年 (1994) | | 平成10年 (1998) | |
|---|---|---|---|
| 1. キク | 28.8 | 1. キク | 29.7 |
| 2. バラ | 8.1 | 2. ユリ類 | 8.7 |
| 3. ユリ類 | 7.6 | 3. バラ | 8.3 |
| 4. カーネーション | 6.8 | 4. カーネーション | 6.8 |
| 5. 切り枝 | 6.5 | 5. 切り枝 | 6.1 |
| 6. 洋ラン | 5.2 | 6. 洋ラン | 4.7 |
| 7. 切り葉 | 3.3 | 7. トルコギキョウ | 3.2 |
| 8. シュッコンカスミソウ | 2.9 | 8. 切り葉 | 2.8 |
| 9. トルコギキョウ | 2.8 | 9. シュッコンカスミソウ | 2.4 |
| 10. スターチス | 2.4 | 10. スターチス | 2.2 |
| 11. チューリップ | 2.1 | 11. チューリップ | 2.0 |
| 12. リンドウ | 1.6 | 12. ガーベラ | 1.7 |
| 13. ストック | 1.1 | 13. アルストロメリア | 1.3 |
| 14. フリージア | 0.9 | 14. リンドウ | 1.3 |
| 15. センリョウ | 0.9 | 15. スイートピー | 1.1 |
| 16. グラジオラス | 0.9 | 16. ストック | 1.0 |

注：調査対象は平成6年は都市部73市場，平成10年は同75市場

る．洋ラン類も含めて，これらのどれにも野の花というイメージはない．また，季節により多い少ないの違いはあるが，いずれも年間をとおして花店に飾られていて，季節感のある花ともいえない．野の雰囲気のある花や季節感のある花は，あるきまった時期に出荷される．そういう一時期にだけ出荷される種類は需要が少ない．

逆に，需要が多いのは長期間にわたって出荷される種類なのである．最近需要が増えているトルコギキョウも，出荷期間の幅が広がるとともに消費が伸びた．

そして，地域と季節によって気候条件が大幅に違う日本では，同じ地域内でのいろいろな作型による栽培と，異なる地域での栽培による地域分担方式とで長期出荷がはかられている．たとえばキクについてみると，第2図のような作型が分化しており，日本の中西部ではこれらのほとんどすべてが採用されている．それと同時に，主要な産地が夏は長野県その他の夏季冷涼な土地に，冬は沖縄県などの冬季温暖な地方に移り，それぞれの気候条件に適合した作型で栽培されている．

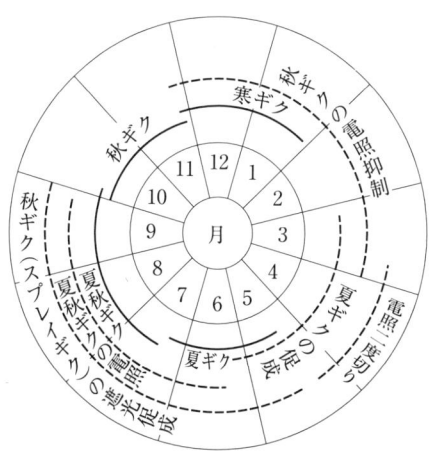

第2図 日本におけるキクの周年生産体系と開花時期（小西国義，1995，花卉園芸，文永堂出版）
実線は自然開花（季咲き），破線は開花調節による開花期を示す．

## （2）長期出荷は経営を安定させる

　ある一時期だけの出荷では，経営の安定はむずかしい．経営を安定させようとすれば，花の生産者はそれぞれの経営のなかで，少なくとも給料取りと同じだけの時間，年間約2千時間の仕事を作り出さなければならない．そのためには長期出荷が必要である．カーネーションやバラのような四季咲き性の種類の場合は，一つの作型でも年間をとおして仕事があるが，キクなどそうでない種類は，季節に合わせた栽培法（作型）を組み合わせて，年間をとおして仕事があるようにしなければならない．さらに，一つの種類だけでは長期出荷ができないときには，それぞれの季節に合ったいくつかの種類と作型を組み合わせることになる．

## （3）自然開花期でないときの花は高く売れる

　日本の花卉園芸には，私が「正規軍園芸」，「ゲリラ園芸」と呼んでいる二つのタイプのものがある．正規軍園芸は同じ種類の花を大規模，大量に生産し，規格品を大量に出荷するもののことである．一方のゲリラ園芸というのは，他人（ひと）が栽培しない種類を栽培し，他人が出荷しない時期に出荷して，他人がまねをするころにはもうほかのことをしているような園芸のことである．消費者は，規格品であっても安い花を求めることもあり，逆に高くても個性のある花を望むこともある．とくにいまは，珍しくて個性のある花が求められている．大量生産の規格品の花だけが花店に置かれているようでは，消費者の購買意欲は減退してしまうだろう．規格品と個性のある花とで店を飾らなければならない．

　それだけではない．ゲリラ園芸は，生産者にとって経営的に有利でもある．日本では自然開花期の花は安くても，そうでない時期の花，つまりゲリラ園芸の花は驚くほどの高値で売れることがある．さきに紹介した「實際園藝」という雑誌の1926年，大正15年12月号には，同年11月の切り花の値段がでているが，それにはテッポウユリ切り花の小売価格が花1輪で1円20銭となっている．テッポウユリは1960年代初期まで，1本いくらではなくて花ひとつがいくらで取引されていた．大正15年当時の大工職人の手間賃は2円50銭，左官職人のそれは2円60銭であった（日本統計要覧）．4

輪ついた切り花なら，1本買うのに2日働かなければならなかったことになる．いまでもゲリラの花は高く売れることがある．私は自分の温室でゲリラ園芸の研究と実践をしているが，温室1坪（3.3 m²）あたり10万円になった種類と作型がある．私の温室は間口が4.5間（8.1 m）で，普通は6ベッドにするところを5ベッドに割っている．農家なみにすれば，2割増の12万円ということになる．

## 3. 作型分化はなにによってなされたか

### (1) 品　種

　作型分化には，生態的な特性の異なる品種の育成が役立っている．日本では，季節と地域の気候や土壌条件に合った特性の品種が選ばれて栽培される．かつて夏のキクは，秋ギク型の品種を短日処理（シェード）して開花させていた．いまは夏秋ギク型の品種が栽培されて，スプレーギクの一部やポットマムをのぞいてシェード栽培はなくなった．このタイプのキクは，秋ギクと同じように質的な短日植物でありながら，これ以上の日長では花が咲かないという限界日長が非常に長く，日本の夏至のころの日長でも花芽が分化，発達して開花する性質をもっている．そのために，花芽分化をさせないでおこうとすれば年間をとおして長日処理（電灯照明，電照）が必要であるが，電照をやめると夏でも開花する．

　私は37年前（1960年代初期）に，茨城県園芸試験場でストックの年末出し栽培を研究した．ストックは低温を受けたのちに花芽分化する春化型の植物であるが，吸水種子や若い苗は低温に感応せず，ある程度の生長をしてから低温を感受する緑色植物体（緑植体）春化型の植物である．そのために，自然の低温を受けて花芽分化するのは11月となり，12月末までに開花させるのはほとんど不可能であった．ところがその後，低温要求性の低い品種が現れて，いまでは10月にも切り花が出荷されている．品種が作型分化に役立った例の典型的なのは，四季咲きのバラやカーネーションであるが，ほかにも夏に開花するシンテッポウユリなどたくさんある．

## （2）開花調節技術

いま述べたように，品種が作型分化に貢献しているのは事実である．しかしながら，数多くある花の種類のなかではそういうのはむしろ少数であり，多くの種類は開花調節の技術によって長期出荷がはかられている．野菜の場合は，長期継続出荷は施設栽培と品種選択によっている．ダイコンやキャベツなどは，品種を変えることにより露地栽培だけで周年出荷されており，トマトやキュウリなどは品種と施設栽培で作型が分化している．イチゴは例外的に苗の低温処理と電照で開花調節をしていたが，ごく最近になって開花調節の技術を使わなくても12月から出荷できる品種が現れ，これも品種で片付けられた．ついでに言えば，果樹もハウス栽培が増えて作型がだいぶ分化してきたが，早出しといっても品種は変わらず，開花調節もせず，ただ石油を焚くだけである．

開花調節というのは，花卉園芸の分野に特異的にみられる技術である．花卉の研究者や技術者は開花調節と作型開発の研究に取り組み，作型を分化させてきた．第3表は，園芸学会全国大会で1951年からの45年間に発表された研究を，私なりに課題別に分類し，パーセントで示したものである．最近では繁殖，とくに組織培養の研究が増え，開花調節・作型開発に関係する

第3表　園芸学会全国大会花き部会における研究発表の課題別割合（％）（小西国義原表）

| 研究内容 | 1951～1960 | 1961～1970 | 1971～1980 | 1981～1990 | 1991～1995 | 1951～1995 |
|---|---|---|---|---|---|---|
| 品種，種類，育種 | 23.2 | 17.2 | 10.1 | 9.6 | 12.4 | 13.2 |
| 花　色 | 2.2 | 4.2 | 6.4 | 3.7 | 3.1 | 4.2 |
| 繁殖，球根・苗生産 | 17.1 | 19.6 | 24.8 | 29.7 | 32.1 | 25.5 |
| 組織培養[a] | 0.6 | 4.3 | 9.2 | 20.1 | 25.4 | 12.9 |
| 開花調節，作型開発 | 38.7 | 30.4 | 30.8 | 24.2 | 21.0 | 28.4 |
| 土壌，栄養，水 | 6.3 | 7.9 | 8.2 | 8.2 | 8.3 | 8.0 |
| 病害虫防除 | 1.5 | 2.7 | 0.9 | 0.7 | 0.1 | 1.1 |
| 栽培改善一般 | 5.2 | 9.0 | 12.0 | 16.4 | 10.2 | 11.5 |
| 収穫後の取り扱い | 0.4 | 0.9 | 1.0 | 2.3 | 7.0 | 2.3 |
| その他 | 5.4 | 8.2 | 5.8 | 4.8 | 5.8 | 5.9 |
| 年間平均発表件数 | 54.4 | 74.6 | 106.1 | 120.4 | 137.2 | 94.2 |

注[a]　繁殖の内数でラン種子の無菌発芽を含む

研究の割合が低くなっているが，1970年代まではそれが30％を越えていた．

かつては生産者みずからが新しい作型を開発していた．さきに1926年11月のテッポウユリ切り花の値段が高かったことを述べた．1926年というのは雑誌「實際園藝」が創刊された年であって，実際にはもっと早く，すでに1910年代にテッポウユリの抑制栽培や促成栽培がおこなわれていた．その栽培法の開発者は，栽培家の鴨下久三氏だとされている．そのころの日本にはまだ花の専門的な研究者はおらず，栽培家自身が技術開発をしていた．日本で学者による球根類の開花調節の研究は，穂坂八郎氏によって1930年代にはじめられた．ちなみに，チューリップなど球根類の専門家による開花調節の研究は，1920年代の中ごろにオランダではじまった．それからみても，日本の花の生産者は，古い時代から高いレベルの開花調節技術をもっていたことがわかる．もともと花は，「咲いたから売ろう」というものではなく，ねらったときに「咲かせて売る」ものなのである．

なお，「實際園藝」の記事ではテッポウユリの低温処理温度が0℃ぐらいとなっているが，穂坂八郎氏（1937，園芸学会雑誌8巻1号）によれば，そのほかに穴室（あなむろ，地下室）を使って15℃ぐらいで処理する方法もあったらしい．このことについては，「實際園藝」の記事ではいっさいふれられていない．1960年代の初期まで，球根の冷蔵は冷蔵庫会社に委託していた．その委託料が高くて，よほど栽培に自信のある者でなければ冷蔵庫による低温処理ができなかった．それに対して穴室による処理は，横穴であれ縦穴であれ，それが掘れるような場所では誰にでも簡単にできる．この雑誌の記事には「秘密」の語が多い．カネのかかる方法は教えても，安上がりの方法は秘密にされていたのであろう．

それはともかく，さきに第3表でみたように，この数十年間は研究者が開花調節・作型開発の研究をおこなっている．その研究の成果がいかされて，日本の花の作型は複雑多様に分化して今日に至っている．

## 4. 開花調節と植物の発育相

　種子が発芽するためには，その前に水を吸った状態で低温を受けなければならないとか，あるいは光を受けていなければ発芽しないとかいうように，種子発芽に特殊な条件を必要とする種類がある．そして，多くの植物は，発芽してすぐには花芽を形成する能力がなく，ある程度生長してその能力があらわれる．また，多年生植物には休眠やロゼット化現象のように，生長や茎の伸長を一時的に停止する種類があり，停止したあとでそれを再開するのに特殊な条件を要求するものが多い．このように，種子が発芽あるいは芽が生長しはじめ（発芽し）てから，花を咲かせ実を結び種子が成熟するまでには，越えなければならないいくつかの節目がある．その節目と節目のあいだを発育相あるいは発育段階といっている．最近では，発育相ということが多い．

　植物生理学で開花問題を扱うときには，主として催花（花成あるいは開花誘導ともいう）とその後を問題にするが，花卉園芸の立場で開花調節という場合には，それは開花時期の調節であるから，種子発芽あるいは芽の発芽そのものから開花に至るまでのすべての発育相の調節が含まれる．すなわち，ある発育相にある植物にいろいろな処理をおこなうことでその相の期間を調節して，次の相に移る（節目を越える）のを早くしたり遅くしたり，ときには節目を越えさせなかったりする．それを整理して，私たちが調節する植物の発育の節目をまとめてみると，次のようになる．

| | |
|---|---|
| 生長停止 | 休眠・ロゼット化 |
| 生長開始 | 休眠・ロゼット打破，種子発芽 |
| 花　　熟 | 生殖状態への生理的な準備 |
| 催　　花 | 生殖状態への生理的な転換 |
| 花芽創始 | 生殖状態への形態的な転換 |
| 花芽分化 | 花の各部原基の分化 |
| 花芽発達 | 花の各部分の生長 |
| 花芽成熟 | 開花の生理的な準備 |
| 開　　花 | 花が開くこと |

（花芽創始・花芽分化・花芽発達　→　花芽形成）

実際栽培で私たちが開花調節をおこなう場合，それぞれの植物について，どの発育相でどういう条件を与え，あるいは与えないで，生長と開花（つまり生育）を調節するのかを知っていることが大切である．たとえば球根類の促成栽培で球根を冷蔵する場合でも，スカシユリは休眠打破，テッポウユリは春化，したがって催花，チューリップは花芽成熟を目的にしており，それぞれ冷蔵条件が違う．春化処理の場合は芽や胚が活動していなければ低温の効果がないので，湿潤状態で冷蔵する．休眠打破や花芽成熟のための冷蔵は乾燥状態でもよい．

ここで，上にあげた九つの節目について，簡単に説明しておく．

① 生長停止

普通の生育周期は生長開始ではじまり，開花のあとで生長停止するのであるが，開花しないでも生長を停止することもあり，あとの生長開始との関係で説明しやすいので，ここでは生長停止から解説する．なお休眠とロゼットとは厳密には異なる現象であるが，あとで述べるような理由から，私は二つをまとめ「休眠・ロゼット」として扱っている．

生長停止の誘因には二通りある．グラジオラス，フリージア，グロリオーサなどは，内生的なリズムによって生長を停止する．これらの種類は，球根ができるときの条件がどうであれ，とにかく球根ができたときには眠っている．これを私は内生休眠と呼んでいる．それに対してダリアやキュウコンベゴニア，クルクマなどは短日で誘導されて眠り，テッポウユリやダッチ・アイリスは高温によって休眠が誘導される．こちらを誘導休眠という．キクやシュッコンカスミソウは，夏に高温を受けたあとで秋の短日にあうとロゼット化し，夏に高温を受けなければ秋になってもロゼット化しない．温度や日長で誘導される休眠・ロゼットは，その誘導条件が与えられなければ休眠・ロゼット化しないで生長しつづけるので，その入り口での調節ができる．内生休眠の場合はそれができない．

② 生長開始

生長開始の要因にも二通りある．その一つはグラジオラスやキュウコンベゴニア，グロリオーサ，クルクマなどのように，時間がたてば眠りから覚め

る場合である．低温や高温で休眠期間が短縮されることもあるが，この場合の休眠期間の調節はむずかしい．もう一つは特定の条件を受けて眠りから覚める場合で，その条件には低温と高温とがある．フリージアは高温，ダリアは低温で休眠打破し，キクやシュッコンカスミソウは低温でロゼット打破する．これらは，その条件を受けなければいつまでも眠りこけている．

　休眠の出口の要因は入り口のそれとは関係がない．したがって，これらの組み合わせは4通りになる．このことについても，またあと（本章5節）で述べる．

③ 花　熟

　種子が芽を出してしばらくのあいだは，ただ茎や葉が繁茂するだけで，花芽をつくる能力がないのが普通である．そして，ある程度生長すると花芽をつける能力が現れる．植物の一生を問題にするときには，種子発芽後の開花能力のない若い発育相をとくに幼若相，開花能力の現れたあとを性成熟相という．生育初期に開花能力がないのは種子発芽後だけではない．周期的に生育し性成熟相に達したのちの多年生植物に新しく生長してくるシュート（茎とそれについている葉や芽，ひげなどをまとめてシュートという）も，その生育初期には開花能力がなく，ある程度生長したのちにその能力が現れる．この場合は，開花能力が現れる前を未花熟相，そのあとを花熟相という．なお，幼若相は開花能力がないから未花熟相であるが，性成熟相にある植物にもシュートの未花熟相があるから，未花熟相が幼若相であるとはかぎらない．

　開花を調節するにあたって，未花熟相から花熟相への節目を調節する例は少ない．その数少ない例としては，デンドロビウムやシンビジウムなどがある．これらは，成熟したシュートが夏の高温を受けて花熟状態になる．早く花熟化させようとすれば，早く萌芽させてシュートを早く成熟させなければならない．

④ 催　花

　非生殖生長（普通は栄養生長といっている）をしているときの茎の生長点（茎頂）はただ茎組織や葉を分化しているだけであるが，あるとき急に花と

いう異質の器官を作るようになって生殖生長に移る．これは形態の質的な変化である．そして，形態の質的な変化が起こるときには，その前に生理的な変化が起こっている．形態の質的変化は生理的な変化の結果として起こるのである．同じ生理的な状態のままでは，形態は量的に変わるだけで，質的な変化は起こらない．非生殖状態から生殖状態への生理的な変化を催花あるいは花成，花成誘導といっている．実際には，催花が起こると，それに引きつづいて花芽創始が起こる．

この節目で開花を調節する例は多い．日長による調節もあり，温度によることもある．温度による場合にも，低温による春化や適温での花芽創始の促進などがある．

⑤ 花芽創始　　┐
⑥ 花芽分化　　├ 花芽形成
⑦ 花芽発達　　┘

非生殖状態の茎頂が花芽形成にむかって形態的に転換することを花芽創始といい，萼片や花弁，雄しべ，雌しべなど，花の各部構造物の原基が分化するのを花芽分化，それらの原基が生長して花芽が完成するのを花芽発達という．

ここでは，茎頂での非生殖状態から生殖状態への形態的な転換から花芽が完成するまでの過程を花芽形成とし，それを花芽創始，花芽分化，花芽発達の三つに分けたが，一般には花芽創始をはぶいて花芽分化と花芽発達の二つにすることが多い．また，花芽形成も花芽分化と同じ意味に用いていることがあり，花芽のできる過程の形態用語は混乱している．

ここで茎頂における生殖状態への形態的な転換から花が開くまでの過程をこまかく分けたのは，それぞれの段階を順調に経過して次の段階に移るのに，つまり節目を越えるのに特定の条件を必要とすることがあり，しかもそれが実際に開花調節をおこなううえで大切な問題になるからである．たとえばキクは，通常3日間だけの短日を受けると催花し，そのあとは長日に移しても花芽創始するが，できるのは花床と総苞だけで小花は形成されない．総苞片は高出葉（苞葉）であって花葉ではなく，したがって花の一部ではない．

この場合3日間の短日で花芽創始はするが花芽分化はしないことになる．一般に花序をつくる植物では，茎頂が生殖状態にむかって形態的に転換したときにできるのは花の軸（花床）ではなくて花序の軸である．キク科植物の花床も正確には花序軸である．キクは6日間以上の短日をうけると，長日のもとでも小花を分化する．このように，とくに花序を形成する種類では，花芽創始と花芽分化とは区別する必要がある．

また，アスターは長日で花芽分化が促進されるが，花芽の発達と開花は短日で著しく促進される．キクは花芽の分化と発達とでは限界日長が異なり，花芽が発達するのには分化のときよりも短い日長が必要である．こうして，花芽分化と花芽発達との間にも線を引かなくてはならない．

⑧ 花芽成熟

バラやカーネーションその他多くの植物は，花芽を形成したときと同じ条件で順調に開花する．ところが，花芽が完成してもそのままでは開花しないで，ある特定の条件（とくに温度）を受けてはじめて開花する種類がある．モモは花芽が雌しべ形成の段階にまで進んだのちに低温を受けなければ開花しないし，ヒガンバナは花芽が高温を受けたのちに涼しくなると開花する．こういう例は，あげれば数かぎりなくある．なお，特定の温度が花芽の成熟に作用する場合，モモのように花芽がほとんど完成してから有効にはたらくのは例外的であり，多くは花芽形成の初期段階から効果がある．シャクヤクは花芽創始のときに受ける低温がすでに有効であり，チューリップは萼に相当する外花被の形成段階からの低温が有効に作用する．

花芽が特定の温度とくに低温を受けてはじめて開花するとき，普通はこれを花芽の休眠および休眠打破としている．この見解をとっているのは果樹園芸の人，花卉園芸では花木を扱っている人に多い．しかしながら，シャクヤクやチューリップのように花芽形成の初期段階で低温が作用するときには，その温度で花芽の形成はすすんでいて休眠しているわけではないので，私はこの現象を花芽成熟として扱っている．特定の温度を受けなくても開花する場合を含め，花芽成熟に特定条件を要求しない種類と要求するものとがあると考えると，そのほうが合理的なように思われるからである．なお，球根類

の開花を扱う人たちは花芽成熟とすることが多い．
⑨ 開花（開葯）

　花が開くのに特定の条件を必要とする種類もある．早朝に開花するアサガオは，十分に成熟した花芽が一定時間の暗がりにあったのちに明るくなると花弁が開く．夜に開花するゲッカビジンは，長い暗がりを受けたあとで明るくなって15時間たつと花が開きはじめる．明日は開花するだろうと思われる蕾をもつ株を昼の12時に押し入れに入れ，夜の9時に電灯の下に出すと，翌日の昼12時に花が開きはじめる．いずれの場合も，暗がりを与えないで明るいままにしておくと，蕾は開かないままでしぼんでしまう．

## 5．私の開花調節・作型開発研究

　私は開花調節・作型開発の研究では，主として休眠・ロゼット問題と春化・脱春化問題を扱ってきた．そのほかに分化した花芽の成熟，多年生花卉が開花したあとで好適条件でも花芽分化しなくなる未花熟化の現象，さらに真夏咲き花卉の冬出し栽培などの研究をしてきた．扱った種類はチューリップやユリ類，フリージア，ダッチ・アイリス，ダリアなどの球根類，キクやシュッコンカスミソウ，マーガレット，キキョウ，スターチス・シヌアータ，トルコギキョウなどの宿根草類，ワックスフラワー，ハナモモ，ユキヤナギその他の花木類など，多岐にわたっている．ここでは代表的なものを選んで紹介する．

　なおロゼットとは，園芸では多年草と呼んでいる多年生草本植物で，節間がよく伸びて生育するとき（発育相）とそうでないときとを繰り返す種類があるとき，節間が伸びないで葉がバラの花弁のように重なって着くようになる現象をいう．この場合，ロゼット化とロゼット打破が問題になる．一・二年草では，たとえばアスターのように生育初期にロゼット状態であることはあっても，節間伸長とロゼットとを繰り返すことがないので，ロゼット化とロゼット打破といったロゼット問題は起こらない．キクの場合は，春から秋までは節間がよく伸びて生長し，短日にすれば開花するが，晩秋には短日にするとロゼット化して花芽をつけなくなる．

## II. 作型の多様化

芽の休眠は茎の頂端分裂組織（生長点）の活動が弱くて生長しないか生長が緩慢な状態であり，ロゼットは生長点は普通に活動しているが頂端下分裂組織（生長点の下の部分）の活動が弱くて節間が伸びない状態をいい，二つは異なる現象である．しかしながら，多年生植物の生育周期のなかで，休眠とロゼットとは同じ段階にあり，その誘導や打破つまり入り口と出口の条件も似ているので，私は両方をまとめて休眠・ロゼット問題として扱っている．

また，春化（バーナリゼーション）は冬を越して春に開花する種類にみられ，植物が冬の低温を受けたあとで花芽を分化する現象をいう．春化に効果のある温度は－5℃から＋15℃とされ，その範囲のなかで効果が高いという意味での適温がある．春化の場合，低温中に花芽分化することもあるが，十分な低温を受けていると，低温期間中には花芽分化していなくても，そのあとで花芽分化して正常に開花する．脱春化というのは，低温を受けたのちに高温にあうと低温の効果がなくなってしまう現象をいう．普通は低温の直後に高温を受ける場合をいうが，私は冬の低温を受けて初夏まで開花しつづけている春化型の多年生植物が，夏の高温で開花しなくなるのも脱春化としている．

### （1）ダリアの冬切り栽培

1962年に，当時茨城県園芸試験場で花卉部門を担当していた私は，花の生産者の一人にダリアを冬に咲かせることはできないかと言われ，冬切り栽培の研究をはじめた．冬切りのためには晩夏〜初秋の植え付けになるが，その時期にはまだ球根ができていないので挿し芽苗を利用することにした．まだミスト装置もなくホルモンも使われない時代であったが，さいわいによく発根したので，それを温室に植えて地際まで切り返して育てた．ところが，ただ単に暖房して温度を高くしただけでは，やがて生長がとまってしまった．そこで日長を変えて試験したところ，13〜15時間日長として栽培するとよく生長して花も咲きつづけること，それより長い日長や深夜照明にすると生長はするが開花が非常に遅れること，逆に12時間以下の日長では地上部の生長がとまり，花芽は分化するが発達せずに中絶し，根が肥大して球根つまり塊根になり，さらにすべての芽が休眠してしまうことがわかった．13時間

日長では，開花はするが舌状花が減って管状花が増え，八重咲きの品種が一重咲きになった．こうして，8月中～下旬に挿し芽をし，定植して最下位節まで切り返し，朝夕の電照で14～15時間日長にして栽培すれば，12月から開花して春までに三番花まで出荷できることがわかった．こういうわけで，冬出し栽培法の開発そのものは比較的簡単にできた．

そのあとは主として休眠問題について研究した．自然条件においたダリアの株あるいは球根を，秋から冬に温室に植えてその後の芽の生長をみたところ，第3図のような結果がえられた．すなわち，ダリアは10月上旬から生長しにくくなり，11月に植えたのでは発芽はしてもほとんど生長せず，12月下旬植えになるとよく生長するようになった．私は10～11月のように発芽はするが生長の悪いときを「量的な休眠状態にある」として，休眠問題に量的休眠と質的休眠の概念を導入した．それまでは，生長するかしないかが休眠の判定基準であったが，私は生長はするがそれが非常に緩慢な場合も量的休眠として，休眠に含めることにした．

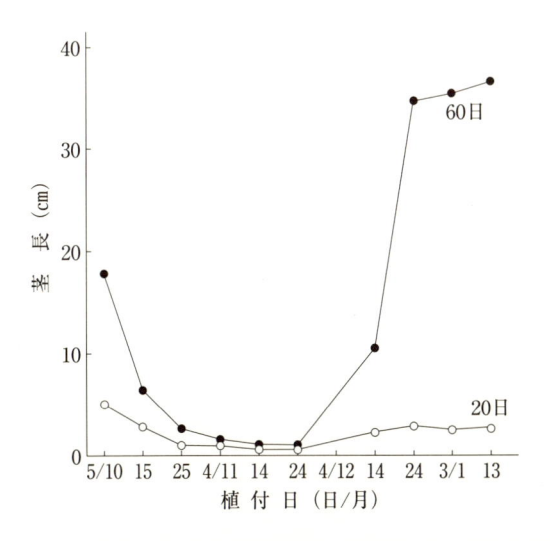

第3図 ダリア塊根を秋～冬の種々の時期に植え付けて，地温15℃（気温8℃以上）と長日で育てたときの植え付け後20日および60日の茎長（小西国義，1982，植物の生長と発育，養賢堂）

## II. 作型の多様化

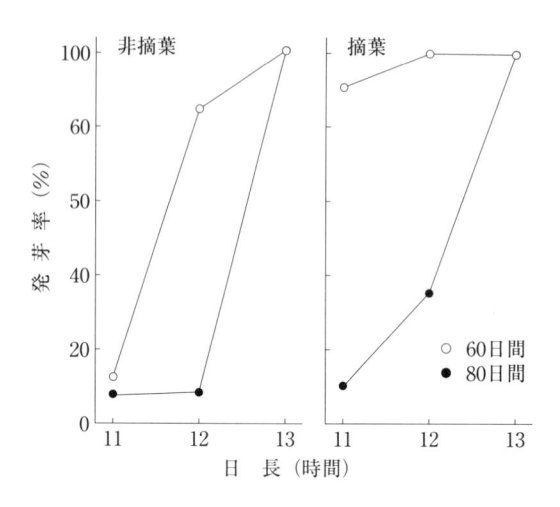

第4図　ダリアの挿し芽苗を11, 12, 13時間日長で60, 80日間栽培し、切り戻して長日としたときの腋芽の発芽率（小西国義, 1982, 植物の生長と発育, 養賢堂）切り戻し節の葉を摘除すると発芽しやすい.

その休眠は短日で誘導される．12時間以下の短日で生育すると，芽の生長を抑えてその休眠を誘導するなんらかの物質が葉に生成，蓄積されることがみつかった．短日のもとで生育した株を切り返したところ，たまたま葉が枯れ落ちた節の芽は生長したが，葉の付いている節の腋芽は生長しなかったことから，日長処理と摘葉の組み合わせ実験をおこなった．その結果，短日条件で60日間栽培した株を1対の葉を残して株元まで切り返し，それを長日に移してその葉をつけたままにしておくとその節の腋芽は生長せず，葉を摘み取ると生長した．短日期間が80日になると，摘葉してももはや芽は生長しなかった（第4図）．短日条件で葉に芽の生長を抑制するなんらかの物質ができ，短日期間が短い間はそれが葉だけに蓄積しているために葉を摘み取ると芽が生長するが，短日がつづいてその物質が多くなり芽やその周辺に蓄積すると，葉を取ってももはや芽は生長しないのだろうと考えられた．なお，13時間以上の日長で栽培し，ときどき挿し芽して株を更新すれば，ダリアは休眠しないで何年間も生長して開花しつづける．その後の研究で，キュウコンベゴニアやチョコレートコスモスもダリアとまったく同じ生育特性を

もっており，同じような方法で栽培すれば年じゅう生長して開花することがわかっている．

　私がこの研究をしていたのは，イギリスの Wareing らが休眠物質ドーミンの存在を Nature という科学雑誌に，アメリカの Addicott たちがワタの実の離脱物質アブシジンⅡを Science 誌に発表した1963年のことである．いずれの雑誌も週刊で，世界最新の研究成果が掲載される．茨城県園芸試験場という田舎の小さな試験場にいた私は，これらの論文のことはあとで知った．茨城県園芸試験場は1960年7月に開設され，研究室が完成したのは翌年の春であり，温室はもっと遅れて秋に完成した．開設されたばかりで設備も整わない田舎の貧しい試験場で，Wareing や Addicott たちのような研究ができるわけのものではなく，私は短日のもとにある葉で生長を抑制して休眠を誘導する物質が生成されること，その同じ物質が塊根形成を誘導することを指摘するだけにして，本来のダリアの冬切り栽培の研究をつづけた．なお，上にあげた二つの物質つまりドーミンとアブシジンⅡとはのちに同じ一つの物質であることがわかり，アブシジン酸と名付けられ，植物ホルモンの一種としてよく知られている．

　いったん休眠してしまったダリア球根は，低温を受けて休眠から覚める．休眠した球根を冬の間15℃以上にたもっておくと，春になっても発芽してこない．7月ごろの高温のもとでは発芽するが，生長はかんまんである．あとで説明することであるが，私は植物の生長活性の低い状態を休眠・ロゼット化としている．そして，生長活性が低くても高温であれば生長（節間伸長）する種類が多い．逆に，生長活性が低いときには涼しい温度でなら生長するが，高温では生長しない種類もある．

（2）**キクのロゼット化とその防止**

　休眠する種類を促成栽培して早く開花させようとする場合，私がダリアの研究をするまでは，休眠の誘導条件はあまり問題にしないで，すでに眠ったものをどうして早く目覚めさせるかの研究，つまり休眠打破の研究が主流であった．私はこのダリアの研究以来，休眠・ロゼット化の誘導条件を調べ，普通であれば休眠・ロゼット化する種類をそうさせないで生長しつづけさせる

研究,あるいは早く休眠・ロゼット化させて早くそれを打破させる研究に取り組んだ.その一つがキクの挿し穂冷蔵によるロゼット化防止の研究である.

　日本で育成されたキクの品種は晩秋になるとロゼット化し,多くの品種が夜温を15℃より低い温度にして栽培したのでは,節間伸長しないし開花もしない.キクは開花すると株元から吸枝といわれる芽が出てくる.晩秋に発生してロゼット化した吸枝をとくに冬至芽と言うが,ロゼット化するのは吸枝だけではない.電照栽培していて正常に伸長生長しているシュートも,10月下旬以降に花芽分化させようとして電照を打ち切って短日にすると,しばしばその先端部分がロゼット化して花をつけない.これを高所ロゼットといっている.キクでロゼット化が問題になるのは,吸枝よりもむしろ秋から冬に栽培するときの高所ロゼットである.そして,ロゼット化させないで正常に花芽分化させようとすれば15℃以上,品種によっては18℃以上に暖房しなければならない.

　ところが,晩秋や初冬には茎の伸長と開花のために高温を必要とする品種であっても,冬の寒さを受けたあとの春には,夜温がしばしば0℃近くになるような無暖房のハウス内であってもよく伸長する.かつては親株を春はやくから生長させるためにフレームに入れ,保温のために夜はこもかけをしていたが,そういう極端な短日条件でもよく伸長した.私はこの原因,すなわちキクが伸長生長するのに春は夜温5℃ぐらいでもいいのに対して,晩秋よりあとには15℃以上の高温が必要になることの原因を調べた.その結果,キクは春と秋とでは生理的な状態が違っていて,夏の高温を受けるとその生長活性が低くなり,活性の低い株が晩秋の涼しい温度（涼温）と短日の条件で形態的にロゼットになること,この低下した生長活性は冬の低温を受けることによって回復すること,生長活性が高いときには比較的に低い温度でもよく節間伸長すること,生長活性が低くても高温では茎が正常に伸長すること,夏を涼しい温度（夜昼とも15℃）で過ごさせると晩秋になってもロゼット化しないこと,などが判明した.

　ここで注目してほしいのは,キクのロゼット問題において生理的な状態と

形態的な状態とを区別していることである．それまでは，キクのロゼット化の誘因を，形態的な状態の変化だけを問題にして，ある人は低温・短日といい，またある人は高温・短日・低照度であるといっていた．私は生理的な生長活性の低下の条件と形態的なロゼット状態への転換のそれとは区別するべきであり，活性の低下は夏の高温で起こり，活性が低下したキクが晩秋の涼温と短日で形態的にロゼット状態へ転換すると考えた．それまでは，生理的な変化の要因と形態的な転換のそれとを区別しなかったところに混乱があったと判断した．二つを区別することによって，キクのロゼット問題の説明が明快になった．

形は内容を表現する舞台である．形態の変化は生理的な変化の結果として現れる．しかしながら，その現れ方は条件によって異なる．たとえば第4表のような条件で栽培してきたキクの親株から穂をとって挿し芽をし，発根苗を秋から冬に夜温10℃以上の温室で長日にしておくと，その条件にある間はどれもよく節間伸長し，外見的には違いがみられない．ところが，それを昼夜一定温度の15℃で9時間の短日に移すと，夏（7～9月の3カ月間）を15℃ですごして高温を受けないものだけがロゼット化しないで花芽をつけ

第4表 いろいろな生育条件で栽培した親株から挿し芽したキク苗を15℃・短日（9時間）に移したときの40日後の状態（小西国義, 1988, 花卉の開花調節, 養賢堂）

| 親株の生育条件 | | 15℃・短日への移動月日 | | |
|---|---|---|---|---|
| | | 10月10日 | 11月25日 | 12月25日 |
| 冬季・夏季戸外 | 平均節間長 (cm) | 0.7 | 0.3 | 0.3 |
| | ロゼット率 (%) | 23.3 | 100 | 100 |
| | 発蕾率 (%) | 63.3 | 0 | 0 |
| 冬季戸外<br>夏季15℃ | 平均節間長 (cm) | 0.8 | 0.6 | 0.8 |
| | ロゼット率 (%) | 0 | 10 | 0 |
| | 発蕾率 (%) | 100 | 90 | 100 |
| 冬季15℃以上<br>夏季戸外 | 平均節間長 (cm) | − | 0.3 | 0.2 |
| | ロゼット率 (%) | − | 100 | 100 |
| | 発蕾率 (%) | − | 0 | 0 |
| 冬季15℃以上<br>夏季15℃ | 平均節間長 (cm) | 0.3 | 0.2 | 0.3 |
| | ロゼット率 (%) | 100 | 100 | 100 |
| | 発蕾率 (%) | 0 | 0 | 0 |

た．

　そのほかは，キクが普通にロゼット化する11月以降はすべてロゼット化した．このことから，私は夏の高温が生理的な変化，つまり生長活性の低下をもたらしたと考えた．キクのロゼットは低温で打破されるから，夏の3カ月間を15℃としたことがロゼット打破にはたらいたとも考えられる．しかし冬に低温を受けない株が同じ期間の15℃を受けてもロゼットになったので，15℃はロゼット打破に作用したのではなく，生長活性の低下を防いだと考えざるをえない．

　夏の高温を受けたキクを冬の間，ずっと15℃以上にたもって低温を与えないようにしておくと，その株は長日，とくに高温・長日では冬に低温を受けた普通のものとまったく同じように生育するが，涼温・短日に移すと春や夏にもロゼットになり，一方の普通株は茎が伸びて花芽をつける．この前歴の違う二つの株は，高温・長日の条件では外見的にまったく同じであっても，生理的には違っていて無低温株は生長活性が低く，低温を受けた株はそれが高い．その生理的な違いは涼温・短日条件におくと目に見えるようになるのである．

　私がこの研究をはじめたのは1966年のことで，その結果を1967年春の園芸学会で発表した．研究の目的は，なにもはじめからロゼット問題の理論的な究明であったわけではない．もっと実用的な研究，冬に比較的に低い温度で開花させることを目的とした研究であった．

　当時，私は香川大学で仕事をしていたが，香川県ではそのころ夏ギク型品種の3月出し促成栽培がおこなわれていた．キクの促成栽培には低温によるロゼット打破が必要である．香川の平坦地で3月に開花させようとすれば，普通の自然低温によるロゼット打破では間に合わない．平坦地の自然低温ではロゼット打破の時期が12月下旬よりあとになり，それから保温や加温をすると開花は早くても3月下旬になる．早く生長，開花させるためには，それよりも早くロゼット打破させなければならない．そのために生産者は，早く秋がくる讃岐山脈のなかの標高600 mぐらいのところにある畑を借りて育苗していた．8月に低地で挿した苗を運び上げて育苗するのであるが，山

の上の夏は涼しく，苗の管理のために山に上がった生産者たちは避暑にきた気分で，昼の休憩時には一杯飲んで休んでいた．そのあげく，酔っ払い運転で車が谷底に落ちる事故がおきた．これではいかんということで，高冷地での低温を冷蔵庫で替えようとしてはじめたのが，挿し穂または発根苗の冷蔵によるキクの電照冬切り栽培である．それが結果としてキクのロゼット化とロゼット化防止の研究になった．なおこの場合，夏ギク型品種は量的短日性（短日のほうが早く開花するが，長日でも遅れて開花する）であるために日長による開花調節ができないので，私はそれができる質的短日性の秋ギク型品種を使うことにした．

秋〜冬にロゼット化させないで開花させる技術の開発は簡単であった．キクがまだ形態的にロゼット化していない晩夏〜初秋に穂をとって挿し芽をし，発根苗をポリ袋につめて1〜3℃で40日間の低温処理をすると，秋〜冬に夜温10℃あるいはそれ以下の比較的低い温度で栽培してもロゼット化せずに開花することが，すでに最初の実験でわかった（第5図，6図）．ただしその理屈を考え，さきに述べた「生長活性」の言葉と概念で説明するようになるまでには，かなりの年月がかかった．はじめは単に「活性」，次に「生長点活性」の用語を使っていた．それを「生長活性」に改めるまでの事情については，「農業および園芸」という雑誌の1996年1月号に，「『生長活性』と

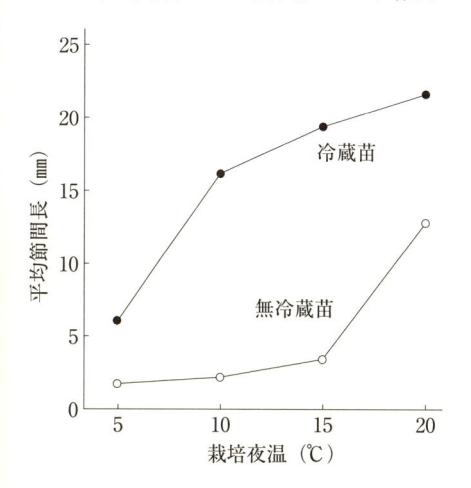

第5図 キクの挿し芽苗を1〜3℃で40日間冷蔵したのち冬季夜温5, 10, 15, 20℃で栽培したときの40日後の平均節間長（小西国義，1982，植物の生長と発育，養賢堂）

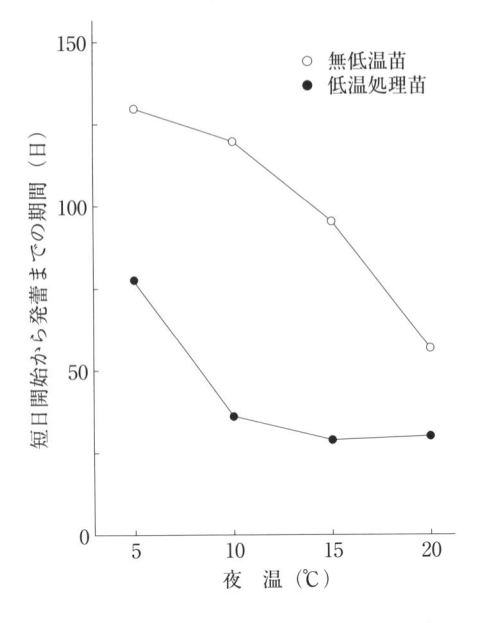

第6図 1〜3℃で40日間の低温を受けたキク苗は比較的低い温度でも花芽をつける．無低温苗は高温では花芽をつけるが，低温では花芽をつけないか，いちじるしく遅れて花芽をつける．（小西国義，1982，植物の生長と発育，養賢堂）

いう言葉の問題」と題してくわしく書いておいたので参照していただきたい．

　結局のところ，キクは夏の高温を受けると生長活性が低くなり，その活性は低温を受けることによって高くなる．そして，活性が高くなると，伸長生長と花芽分化ができる温度の範囲が低温のがわに広がるのである．第5図と6図がそれをよく示している．なお，第6図の無低温苗が夜温5℃でも遅れて発蕾したのは，その間に低温感応したからである．

　私のこの研究は，その後，キクの産地をもつ各県の試験場で追試され，品種によっては苗の低温処理で茎が伸びるようにはなっても，かえって花芽分化しにくくなることもあるが，おおかたは苗冷蔵の効果があるということになった．私が開発したこの苗冷蔵による栽培は，いまでは電照ギクの「慣行法」と呼ばれるほど広く普及している．そして，キクの産地，とくに電照ギクの産地には，必ずといっていいほど冷蔵庫が設置された．なお，発根した苗と挿し穂とでは，苗のほうが低温処理の効果が高く，より短期間の処理ですむのであるが，挿し穂のほうがより長期間の冷蔵に耐えるので，一般には

挿し穂冷蔵がおこなわれている．発根苗のほうが低温処理効果が高い理由はわかっていない．

　一番はじめに冷蔵庫を設置した産地は福岡県の八女地区である．ここでは，私がこの研究を発表してまもなく苗冷蔵の施設をつくり，‘秀芳の力’という品種の電照栽培に応用しはじめた．この品種は1969年ごろに作出され，現在日本で電照栽培されている白花の輪ギクでは90％を占めるほどよく普及しているが，穂冷蔵なしでは夜温を18℃以上にしないとロゼットになって開花しない．品種の作出者である秀芳園の山手正則氏自身が，10月中旬の電照打ち切りでもロゼット化するからだめだという理由で，一回だけカタログにのせて捨てた品種である．それが八女地区で，穂冷蔵栽培によって復活した．山手氏は，「秀芳の力では自分も有名になったが，カネにはならなかった．いまなら孫の代まで食えたのに．」といって嘆いていた．「いまなら」というのは，「植物特許が施行されて普及したいまなら」という意味である．

　私がこの研究をはじめて発表したのは1967年春のことである．園芸学会で発表したとき，当時キク研究の第一人者だとされていたある大学の先生が，「もしそれが本当なら，これは画期的な研究である．」と評価してくれた．私は「もしそれが本当なら」という言葉だけは余分だと思ったことを記憶している．

　そのあとで「農耕と園芸」という技術普及雑誌に，この問題についての記事を書いたことがある．1977年6月にJICA（国際協力事業団）の仕事でブラジルに行ったとき，あるところで奇妙に私にサービスしてくれる日本人に出会った．二日目も私たちについて回るので，「あれはどういう人ですか．」とJICA職員にたずねたところ，「あの人は先生にえらく恩義を感じているんですよ．」という答えがかえってきた．私にはなにも心当たりがなかったので，それをいうと，「先生が雑誌に書いたキクの穂冷蔵栽培の記事を読んでさっそく試してみたところ，たまたまその冬が寒くてほかの人のキクがロゼット化して花が咲かなかったときにあの人だけがよく咲いて，なんと一作で60万コントにもなりましたよ．」ということであった．60万コントは，当時

の公式レートで1,200万円である．闇レートなら1,500万円は越えただろう．　日本では穂冷蔵は暖房費の節約になる程度であるが，ブラジルのサンパウロ周辺では冬もハウス暖房をしないので，年によっては穂冷蔵すれば開花し，しなかったら開花しないということになるのだろう．

　私のこの研究でいちばん儲けたのは冷蔵庫屋，次が生産者，私は雑誌の原稿料だけで，ほかにはなにの儲けにもならなかった．日本では，生産者にとって技術はカネになるが，農学の研究者にとっては，残念なことに技術開発はカネにならない．

　なお，私を含めたその後の研究によって，秋に休眠・ロゼット化する植物で夏の高温がその誘因になっている例は，シュッコンカスミソウやアキレアなど多くの種類で知られるようになった．冬の低温が休眠・ロゼット打破にはたらくことは古くから知られていたが，夏の高温が生理的に休眠・ロゼット化へ導くことを指摘し，生理的な生長活性の低下の問題と形態的な休眠・ロゼット化への転換の問題とを区別したのは，世界的にみても私がはじめてであったと思う．

　われわれ応用の科学にたずさわるものにとって，研究課題は解決しなければならない問題として具体的に提起される．それに対する答えは，具体的な解決策でなければならない．そして，多くの場合，その解決策は研究の初期段階でみつかってしまう．しかしながら，ただ単に「こうすればいいですよ．」という回答だけでは，それは技術ではあっても科学にはなっていない．私たちの学問が科学であるためには，解決策のほかにその理由，つまり理論と法則の解明が必要である．また逆に，理論と法則の追究だけでも十分とはいえない．農家を前にして理論を展開し，煙に巻いて帰るのは結構であるが，話のあとで「ではどうすればいいのですか．」と質問され，「まあ，適当にやりなさい．」という答えしかできないようでは，農学として不十分である．具体的な解決策の提示と法則の追究，この二つを同時におこなわなければならないのが農学であると私は考えている．

（3）キクのロゼット化促進による促成栽培

　キクのロゼット問題では，ロゼット化防止の研究をしたあとで，夏ギク型

品種を普通よりも早くロゼット化させて早くロゼット打破させる研究をした．夏ギク型品種というのは自然条件で6月ごろに開花する品種のことであり，秋ギクよりも低い温度で開花する性質をもっている．秋ギク型の品種を秋から冬に栽培するときには，普通であれば電照をやめたあと夜温を15℃以上にしないとロゼット化してしまい，正常に開花しない．苗（穂）冷蔵をしても10℃以上にしなければ花芽分化しない．それに対してロゼット打破した夏ギクは夜温10℃以下，品種によっては5℃でも花芽分化する．したがって，ロゼット打破さえしておれば，冬から早春に開花させる栽培に適している．しかしながら，この型の品種は長日条件でも遅れはするが開花してしまうという量的な短日植物であるために，電照していても花芽をつけるので，日長処理では開花調節ができない．

　ところが，いったんロゼット化したものがロゼット打破すると，短日条件でもすぐには花芽分化しないで，ある程度生長してから花芽分化する性質をもっている．この間の発育相を幼若相という人もあるが，私はそれを未花熟相と呼んでいる．ある程度生長すると花熟状態になり，温度が適当なら花芽分化する．そこで，普通は夏に挿し芽をして育苗し，晩秋～初冬にその株元から発生した冬至芽とともに植え付けて栽培する．露地栽培で6月，無暖房ハウスでなら4～5月に開花する．さらに早く開花させようとすれば，自然低温でロゼット打破したのちに保温して，茎が10 cmぐらいに伸びたところで暖房をはじめる．それでも，日本西南部の平地での自然低温ではロゼット打破は12月下旬になり，それから保温と暖房をしたのでは，開花は早くても3月下旬になってしまう．低温が早くやってくる高冷地で育苗してロゼット打破を早めても，3月上旬からの出荷が限度である．このように，夏ギク型の品種は低温開花性であるという利点をもっているが，十分な長さの切り花にしようとすれば，いったんロゼット化したものをロゼット打破させなければならない．そのために，自然の条件でロゼット化したのでは，高冷地育苗や冬至芽の冷蔵処理によってロゼット打破を早めても，出荷時期に限界があった．そこで，人為的にロゼット化を早める研究をした．どうせロゼット化しなければならないのなら，早くロゼット化させて早くロゼット打破させよ

うというわけである．ロゼット打破は冷蔵処理によって容易にできるので，問題はロゼット化誘導であった．

　エチレンは頂芽優勢を阻害して分枝を促進することが知られていたので，夏ギクの吸枝発生にそれを試みてみた．早く吸枝を発生させ，それを低温処理して促成栽培に利用しようと考えたのである．はじめは挿し芽発根苗をエチレンガスで処理したが，ガスによる処理はやっかいなので，液体であり簡単に葉面散布ができるエセフォンを使うことにした．エセフォンは植物に吸収されると植物体内でエチレンを放出するので，エチレンガス処理と同じ効果がある．エセフォンは商品名をエスレルといい，普通は「エスレル10」として販売されている．これはエセフォンを10％含んでいるので，所定のエセフォン濃度にしようとすれば10倍の濃度にしなければならない．エセフォン1,000 ppmなら水1 $l$ にエセフォン1 gのところ，エスレルは10 m$l$ にする．

　実験の結果は，エチレンガス処理もエセフォン散布も吸枝発生を促進し，思うときに吸枝を発生させることができた．ところが，吸枝が発生するよりもさきに，処理した植物そのものの頂部がロゼット状態になった．そこで，親株にエセフォン散布をしてロゼット化を誘導し，ロゼット化したシュートを挿し穂として利用することを考えた．吸枝を利用しようとすればその前に育苗が必要であるが，ロゼット化したシュートをそのまま使うのであれば育苗は必要でなく，その手間を省けるからである．

　その結果を簡単に述べる．夏ギク'新精興'の親株に摘芯と同時およびその1, 2週間後にエセフォン1,000 ppm液を3回散布したところ，発生してきた側枝はすべてロゼット状になった．ただし，8月下旬までにエセフォンの初回散布をおこなったときには，いったんロゼット状態になったシュートが最終散布の約2週間（初回散布から約30日）後からふたたび節間伸長し，やがて花芽をつけた．一方9月になって散布処理したものは，ロゼット状態のまま冬を迎えた（第7図）．温度が高い時期には，エセフォンは一時的に茎の伸長を抑えるだけなのである．

　こうして，エセフォン処理によりロゼット状態になったシュートを挿し穂

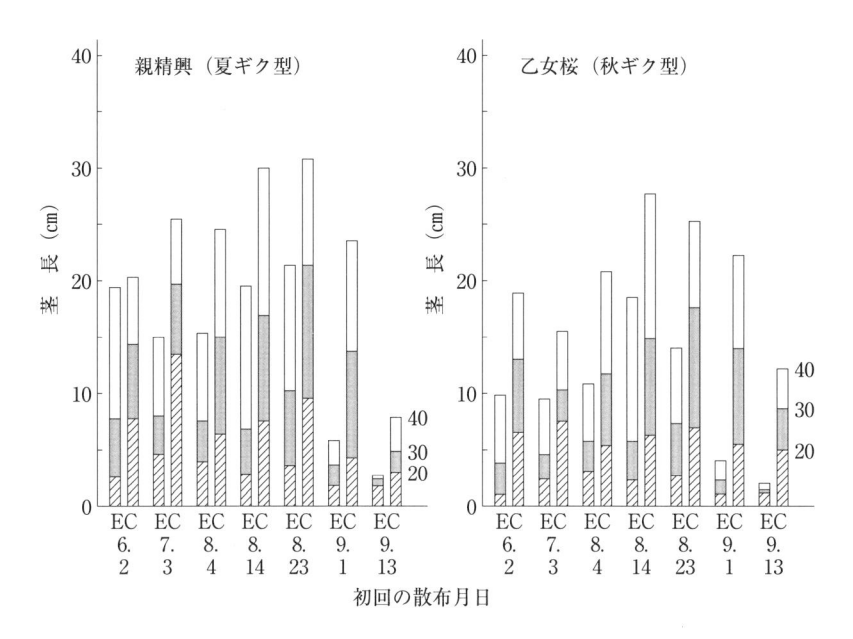

第7図 エセフォン散布時期（季節）がキクの茎の伸長に及ぼす影響（小西国義ほか,1985,園芸学会雑誌,54巻1号）
C：無散布，E：1,000 ppmのエセフォンを摘芯と同時および7, 14日後に散布．棒グラフ右の数字は初回散布後の日数

としてとり，穂冷蔵をして挿し芽する．キクは親株を摘芯（切り返し）して穂がとれるようになるまでに普通は25日間ぐらいかかるが，エセフォン処理すると展葉間隔が短くなって葉の数がはやく増えるので，摘芯から15日後には採穂できるようになる．ただし，エセフォン処理してすぐ挿し穂をとって冷蔵すると，穂にエチレンが残っていて冷蔵中に葉が黄変するので，最終散布から2週間以上たってから穂をとる．挿し穂の冷蔵処理は，ロゼット化防止のときと同じように1～3℃で40日間以上とする．冷蔵した穂を挿し芽し，発根苗を定植する．はじめの間は茎をよく伸ばすために電照をし，茎が20cm以上になったところで電照をやめる．日本の西南部では無暖房（夜温5℃ぐらい）でも開花するが，品質のよい切り花を得ようとすれば8℃ぐらいに暖房するのがよい．この方法で栽培したときの植え付け時期と

第5表 エセフォン処理した夏ギク'新精興'の挿し穂を冷蔵して挿し芽したときの定植時期と開花期（小西国義ほか，1984，岡山大農学部学術報告，63号）

| 定植月日 | 短日開始時 | | 開花月日 | 切り花 | | |
|---|---|---|---|---|---|---|
| | 定植後日数 | 茎長(cm) | | 茎長(cm) | 重さ(g) | 節数 |
| 10.25 | 30 | 25.8 | 2. 7 | 92.3 | 47.9 | 43.9 |
| 11. 4 | 35 | 20.2 | 3. 8 | 90.3 | 57.0 | 57.0 |
| 11.24 | 45 | 25.0 | 3.22 | 103.9 | 61.6 | 43.9 |
| 12.14 | 50 | 24.6 | 4. 9 | 94.6 | 49.8 | 40.0 |

冷蔵処理：1〜3℃・40日間
日長：茎長20〜25cmになるまで深夜電照，のち自然日長
栽培温度：1月18日から8℃暖房

10月下旬定植：草丈20cm11月下旬（約30日），開花2月上〜中旬
11月上旬　〃　：　〃　12月中旬（約35日），〃 2月下旬〜3月上旬
11月下旬　〃　：　〃　1月上旬（約40日），〃 3月中〜下旬
12月中旬　〃　：　〃　1月下旬（約40日），〃 4月上〜中旬

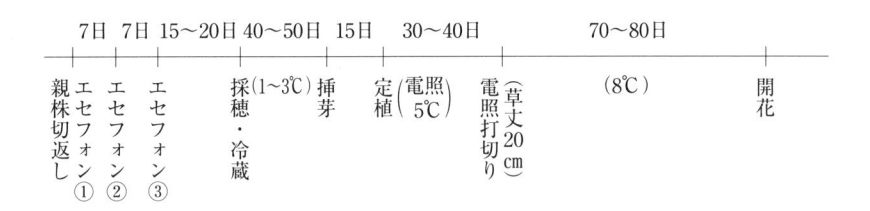

```
  7日  7日 15〜20日 40〜50日 15日  30〜40日   70〜80日
  ┼───┼──┼────┼─────┼──┼──────┼───────────┼
  親  エ  エ   採   挿  定 (電照  (草 (8℃)       開
  株  セ  セ   穂   芽  植  5℃)  電丈                花
  切  フ  フ   ・              照20
  返  ォ  ォ   冷              打cm
  し  ン  ン   蔵              切)
      ①  ②③
```

第8図 夏ギク挿し芽苗利用による促成栽培の作業計画（小西国義原図）

開花期との関係は第5表のようであった．8月31日に穂をとって冷蔵，挿し芽して10月25日に定植したものは2月上旬に開花した．

なお8月にエセフォン処理すると，そのままではやがて茎が伸びて発蕾するのであるが，ロゼット状態にあるあいだに採穂して冷蔵すると，ロゼット化してロゼット打破したものと同じように茎がよく伸びて開花する．親株の切り返しから開花までの作業計画は第8図のようである．

この研究は，低温開花性の夏ギク型品種を使って，従来の秋ギクの電照栽培よりも暖房費を節約しようとしておこなったものである．さきに開発した秋ギクの穂冷蔵による電照栽培も，もともとは省エネ対策のつもりであった．それが穂冷蔵をしてもなお高温栽培を必要とする'秀芳の力'という品種

に応用され，広く普及してしまったのは，私の本意ではなかった．そこで，もっと省エネとなる夏ギクの促成栽培法を開発しようとしたのである．しかしながら，夏ギク型の品種は花の品質の点で秋ギクに劣る．そのために，夏ギクのこの栽培法はまだ普及していない．見た目に美しくて優れた品質の夏ギク型品種が育成されれば，十分に普及する可能性のある技術であると思っている．

　ここで，花卉の休眠・ロゼット問題について，私の研究結果とほかの人たちのそれとをもとにして，まとめて私の見解を述べておきたい．

　私は休眠・ロゼット問題については，このほかにもいろいろな研究をした．たとえば，ダリアの休眠が低温で打破され，低温を受けなければ夏になるまで生長しないこと，キクのロゼット打破に必要な低温の量は品種によってちがうが，同時にあとの栽培温度によっても異なり，高温で栽培するのであれば少ない低温量で十分なこと，一歳サルスベリの休眠は短日で誘導されるが，その休眠の打破には特定の温度条件が必要なわけではなく，時間がたてば休眠打破することなどを明らかにした．また，グロリオーサは球根が形成されればそのときの栽培条件に関係なく休眠しているが，その打破は時間の経過によっていて，その点でグラジオラスと同じであること，キュウコンベ

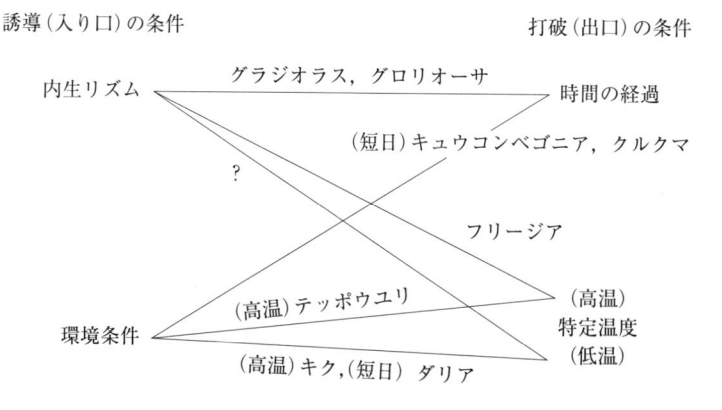

第9図　休眠・ロゼットの誘導と打破の条件（小西国義原図）

ゴニアの休眠はダリアと同様に短日で誘導されるが，グラジオラスと同じように時間が経過すれば休眠打破することなども明らかにした．私は，ダリアやキクのように短日や高温といった特定の条件で誘導されて休眠・ロゼット化するときを「誘導休眠」，グラジオラスやグロリオーサのように生育条件に関係なく成熟すれば眠る場合を，生育の内生的なリズムによるものとして，「内生休眠」と呼んでいる．

　私のこれらの研究結果とすでに知られていることから，休眠・ロゼット化の誘導条件と打破の条件，つまり休眠・ロゼットの入り口と出口の条件をまとめてみると，第9図のようになる．なお，入り口と出口の条件はそれぞれ独立していて，組み合わせは4通りになる．たとえばダリアやキュウコンベゴニア，クルクマはいずれも短日で誘導されて休眠に入るが，ダリアは低温で休眠打破され，キュウコンベゴニアとクルクマは時間が経過すると休眠打破する．内生休眠であるグラジオラスやグロリオーサは時間の経過で休眠打破し，同じ内生休眠のフリージアは高温で休眠打破する．なお，内生リズムで休眠して低温で休眠打破する種類については，私は承知していない．

## （4）スターチス・シヌアータの脱春化防止による促成栽培

　スターチス・シヌアータは多年草でありながら，種子をまいた1年目についてみると，秋まき一年草とまったく同じ生育特性をもっており，園芸的にはずっと一年草として扱われてきた．発芽ご高温で栽培しつづけると開花しないかいちじるしく開花が抑制され，夜温16℃以下で栽培するとよく開花する．また，幼苗期にある期間の低温を受けると，そのあとは高温であっても開花する．このように，スターチス・シヌアータは多くの秋まき一年草と同じように春化型の植物であり，開花に一定期間の低温が必要である．

　春化型の多年生植物の場合，普通はある程度生長しなければ低温に感応しない緑色体春化型なのであるが，スターチス・シヌアータは例外的に吸水種子の段階でも低温感応する．この性質を利用して，吸水種子を低温処理して早く開花させる促成栽培法が吾妻浅男らによって開発され，それが定着したかのようにみえた．ところが，種子系品種の株のなかから花の品質がすぐれていてしかも低温要求の少ないものを選び，それを組織培養で増やした栄養

系の品種が現れた．種子系品種はかならずしも形質がそろわない欠点があり，その点ですぐれている栄養系品種が広く普及するようになった．なお，同じ種類のなかに種子繁殖する品種と栄養繁殖する品種の両方があるとき，種子繁殖するものを種子系品種，栄養繁殖するのを栄養系品種という．どちらか一方だけの場合には，そういう区別はしない．

種苗会社が売り出した組織培養による苗は値段が高い．カタログには1株300円というのがある．「これでは苗が高すぎる．苗屋は横暴だ．」というので，優良な開花株から芽をとって挿し芽をする増殖法を試みた．はじめは挿し芽苗の低温処理を考えていたが，たまたま7月にまだ花が上がりつづけている株を地際まで切り返し，出てきた芽を一つひとつに分けて挿し芽したところ，その株は夏をすぎても花が上がりつづけ，10月から品質のよい切り花がえられた．その後の実験で，6月挿し芽でも開花しつづけたが，秋までに株が古くなり，切り花の品質が悪かった．普通の古株は8月下旬になると，高温で脱春化して開花しなくなる．大株ですでに高温を受けたと思われる8月中旬に挿し芽をするといったん開花がとまり，11月上〜中旬から花茎が現れた．

大株で高温を受けると脱春化するのに，小株でならなぜ脱春化しないのかの理屈はわからない．また8月挿し芽の株は10℃暖房のハウスでも11月には花茎が現れ，12月から開花した．この場合，ごくわずかの低温にも感応したと考えられる．一般に春化の際の低温は分割して与えても効果があると

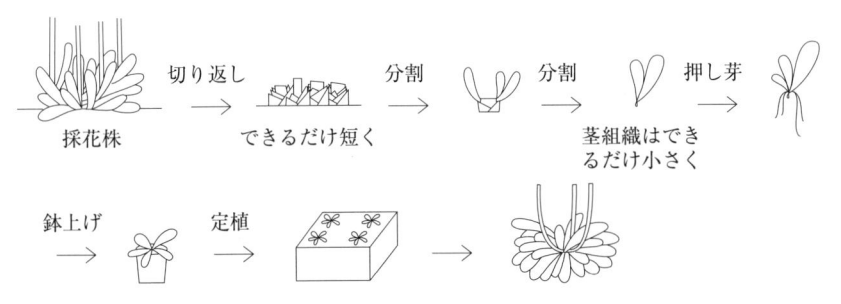

第10図 挿し芽苗を利用したスターチス・シヌアータの促成栽培の作業手順（後藤丹十郎ほか，1996，岡山大農学部学術報告，85号）

されるが，脱春化が中途半端なときには親株の受けた低温の効果が残っていて，それが挿し芽苗に引き継がれるのかも知れない．その点もまだ解明されていない．

それはともかく，開花中の株を6月末に地際まで切り返し，約2週間後の7月中旬に小さな芽を一つずつに分けて挿し芽すると，10月からよい品質の切り花がえられる．実際の作業手順は第10図のようにする．親株の切り返しは，残す葉柄の長さが1cm以下になるように，鋭利なナイフか鎌で切り捨ててしまう．15日後に株を切り取って，作業室で芽を小分けにする．このとき，芽につける茎組織はできるだけ小さくする．茎組織が大きいと，発根したあとでカルスが発達して根を圧迫し，苗が枯れることがある．使用する刃物は，一株ごとに炎で消毒する．オーキシン処理をして挿す．

なお，冬から切り花をしてきた古株を初夏に切り返すと，しばしば枯れることがある．実際には3月に挿し芽をして，親株を更新しておくのがよい．3月挿し芽の親株なら，一つの株から30以上の芽がとれる．3月の開花株からも30以上の穂がとれるから，上手に挿し芽をすれば開花株の一つから1,000株に近い苗をつくることができる．

(5) ミヤコワスレの脱春化促進による早期促成栽培

ミヤコワスレは日本原産の春咲きの宿根草である．普通の花芽分化時期が秋（岡山で10月上旬）であることから，ユキヤナギやコデマリと同じように温度が低くなると花芽分化し，その後，冬の低温を受けて花芽が成熟し，そのうえで春になって温度があがると開花するものと考えられてきた．自然低温を受けた株を無暖房ハウスで栽培すると3月，暖房すれば2月から開花する．ミヤコワスレはお茶花として使われ，とくに早春のお茶席の花として珍重されることから，もっと早く開花する栽培法の開発がはかられた．その場合も，花芽分化後の低温が開花促進に有効だということで，もっぱら花芽分化を早める方法と苗の低温（冷蔵）処理の方法が研究された．静岡大学のある先生は，そういう観点からの研究で，論文を11報まで発表している．高冷地で育苗して花芽分化を早め，10月上旬から40日間の苗冷蔵をして栽培した産地があるが，それでも開花は1月中旬からであった．その先生の研究で

は，冷房ハウス（温度制御室）を使わないかぎり，正月以前に開花させることはできなかった．

　ところが，福岡県園芸試験場の松川時晴さんたちが，花芽分化まえの低温処理も開花促進に効果があること，8月上旬から1℃で60日間冷蔵処理して植え付けると11月に開花することを園芸学会で発表した（1978）．松川さんらはミヤコワスレに対する低温の作用を春化であるとは言っていないが，私はそうであろうと考えた．冬を越した株を春に地際まで切り返して花芽をもたないようにしても，その株の地中から出てくる吸枝が夏まで開花しつづけるからである．すなわち，低温を受けた株はそのあとで花芽を分化し，正常に開花するのである．そういう意味で，ミヤコワスレは球根類でいえば花芽分化のあとで低温が必要なチューリップ型ではなくて，花芽分化に低温を要求するテッポウユリ型である．静岡大学の先生の長年にわたる研究，11報にまでおよぶ研究は，松川さんたちのこの一つの学会発表で吹き飛んでしまった．思い込みというのはこわいものである．

　私も追試をして，7月からの低温処理で11月中旬から開花することがわかった．ただし，冷蔵処理をはじめるときの苗が大きければ品質のよい切り花になったが，小苗では良品がえられなかった．したがって，この栽培法で成功するかどうかは，7月までによく充実した大きい苗を育成できるかどうかにかかっている．

　ミヤコワスレは7月まで大苗になりにくいのであるが，それは夏まで頂部に次々に花芽を形成するからである．低温を受けたミヤコワスレは花芽分化しやすく，株元に発生する側枝（吸枝）はすぐに花茎が伸びて，促成に使えるような苗にならない．その後，高温期になると花芽分化しなくなり，晩夏〜初秋には花芽をもたない大苗になる．すなわち，高温で脱春化するのである．そこで，高温処理によって春に脱春化させることを試みた．実際には，春は高温処理だけでは脱春化がむずかしく，高温にエセフォン処理を加えることで成功した．ミヤコワスレの脱春化は高温で誘導されるのであるが，キクのロゼット化と同じようにエチレン（エセフォン）がそれを促進するのである．促成栽培で開花したあとの株に高温処理とエセフォン散布をおこなう

ことにより，3～4月以後の花芽分化を阻止し，非生殖的に生育させることができる．この方法によって，早期促成のための大苗が7月中～下旬までに育成できる．実際に脱春化させる方法は次のとおりである．

　促成栽培で切り花がすんだ株を3月上～中旬に1芽ずつに株分けして，苗床に約10cm間隔に植える．これから述べる方法で育苗すると，夏までに1芽から5～6株に増えるから，たんねんに株分けしておくのがよい．2～3芽ずつに分けておくと，7月ごろには苗床がこみすぎるようになる．また，大きな苗は捨てて小さな芽を植えるのがよい．小さな芽は高温・エセフォン処理によって花芽分化しないでそのまま大きな苗に育ってゆくが，大きな苗はしばらくは花芽をつけ，かえって大苗になりにくい．

　苗床にはあらかじめ電熱ケーブルを埋設し，株分け仮植したあとはプラスチック・トンネルをかけ，活着するまでは夜温10℃ぐらいに管理する．3月下旬から1カ月間以上の高温処理をおこなう．あまり早く高温処理をおわると，その後の温度が低くて再び春化することがある．処理温度は夜温20℃以上，昼温30℃程度とする．高温処理をはじめると同時にエセフォン散布処理をおこなう．濃度は1,000ppmとし，1週間おきに2～3回散布する．

　脱春化処理を終ったあとは，そのまま育苗をつづけてもよく，露地に植えかえてもよい．育苗中は苗が旺盛に生長するから，水と肥料を切らさないように注意する．

　この育苗法によって，7月中～下旬までに6g以上の苗が1株からすくなくとも4～5本はとれる．なかには10gを越える大苗もできるが，苗冷蔵促成をしてみると，6g以上であれば開花期や切り花品質にはほとんど違いがみられない．

　11月中旬から開花させる栽培の場合は，7月下旬から約2カ月間の低温処理をおこなう．処理温度は凍らない程度に低い温度がよく，1℃ぐらいにする．春化としての効果は1℃よりも5～7℃ぐらいのほうが高いようであるが，そういう温度では2カ月間の長期冷蔵がむずかしい．冷蔵期間は60日間がよく，これ以上にする必要はない．また，これより短いと効果が低く，長いと冷蔵中に苗がいたむ．なお，1℃で予備冷蔵をしたのちに0～-2℃

のいわゆる氷温で冷蔵すると，より長期間の冷蔵ができるようである．

1℃冷蔵の場合，冷蔵期間は動かすことができないので，冷蔵開始日は定植予定日によってきまる．スターチス・シヌアータなどでは，冷蔵苗を出庫して植え付けた直後の温度が高いと，脱春化といって低温の効果が消えてなくなることがある．ミヤコワスレでは8月中旬に出庫しても脱春化はみられない．しかしながら，そのような時期に出庫すると高温で花芽形成することになり，いわゆる花飛び現象がおこり，花が奇形になる．日本の中西部（岡山）では，9月10日以後の出庫なら問題はない．9月15日が植え付け予定日であれば，冷蔵開始日は7月17日ということになる．なお，9月15日に植えると，最も早い株は10月末に開花し，一番花の最盛期は11月中〜下旬になる．これを一つの目安として定植日，冷蔵開始日をきめるのがよかろう．

出庫後の植え付けとその後の管理（ジベレリン散布など）については，普通の促成栽培の場合と同じであるから，ここでは省略する．

この方法で実際に栽培したときの結果の一例は第6表のようであった．

第6表 早期促成栽培によるミヤコワスレの開花期と切り花品質（小西国義原表）

| | 大 苗 | | | | | 中 苗 | | | | |
|---|---|---|---|---|---|---|---|---|---|---|
| | 切花数 | 同累積 | 節数 | 茎長cm | 重さg | 切花数 | 同累積 | 節数 | 茎長cm | 重さg |
| 月・旬 | (本) | (本) | | (cm) | (g) | (本) | (本) | | (cm) | (g) |
| 10・下 | 14 | 14 | 8.8 | 24.6 | 5.8 | 14 | 14 | 9.6 | 25.4 | 5.4 |
| 11・上 | 20 | 34 | 9.9 | 28.4 | 7.1 | 17 | 31 | 11.0 | 27.6 | 6.2 |
| 11・中 | 47 | 81 | 11.6 | 30.0 | 8.0 | 23 | 54 | 11.7 | 30.7 | 8.6 |
| 11・下 | 8 | 89 | 13.7 | 32.7 | 7.7 | 19 | 73 | 14.8 | 31.6 | 10.5 |
| 12・上 | 6 | 95 | 15.5 | 38.5 | 5.7 | 16 | 89 | 16.2 | 35.4 | 8.8 |
| 12・中 | 37 | 132 | 20.6 | 36.9 | 6.9 | 36 | 125 | 18.4 | 38.7 | 7.8 |
| 12・下 | 53 | 185 | 20.2 | 40.4 | 7.0 | 20 | 145 | 20.6 | 44.8 | 9.8 |
| 1・上 | 67 | 252 | 21.2 | 42.0 | 6.5 | 25 | 170 | 23.3 | 45.5 | 8.3 |
| 1・中 | 20 | 272 | 21.7 | 40.7 | 5.9 | 26 | 196 | 24.8 | 45.5 | 8.4 |
| 1・下 | 39 | 311 | 25.1 | 38.0 | 7.4 | 56 | 252 | 24.3 | 39.4 | 6.9 |

切り花数：ベンチ1$m^2$（98株）あたり
大苗：7.1g以上，中苗：5〜7g
苗冷蔵と定植：7月17日より1℃，9月12日植え
ジベレリン散布：10月7日に40 ppm，その後7〜10日ごとに20 ppm
温度管理：11月上旬から10℃暖房

11月上旬までに開花した切り花には茎の短いものがあった．これは冷蔵処理まえに花芽分化していたためかも知れない．中旬以降は良品質の切り花がえられた．また，12月中旬からは二番花が咲き，一番花と二番花とのあいだにほとんど切れ目がなく，1月末までに株あたり2.8本の花が切れた．

なお，二番花の品質からみたジベレリン散布の濃度と頻度，回数には，まだ検討の余地があるように思われる．

(6) ワックスフラワー (Geraldton Wax) の未花熟化と再花熟化

「桃栗三年柿八年，梅はすいすい十一年」という言葉がある．モモやクリは種子が芽を出して3年もすれば花が咲いて実をつけ，カキは実をつけるまでに8年かかり，ウメは11年もかかるという意味である．植物は種子が発芽してもすぐには開花せず，ある程度生長してから開花する能力が現れる．これはモモやクリなどの木本植物だけでなく，一・二年草を含め，あらゆる種類の植物についていえることである．植物の一生を問題にするときには，その生育初期にあって開花に好ましい条件のもとでもなお開花しない発育相を幼若相 (juvenile phase) といい，開花能力がうまれたあとを性成熟相 (adult phase) という．開花能力が現れることを花熟 (ripeness to flower) あるいは花熟化 (ripening to flower)，その能力があることを花熟状態という．「桃栗三年柿八年，…」という言葉は，植物に幼若相というものがあり，その期間がたとえばモモやクリでは3年，カキでは8年というように，植物の種類によってまちまちであるということを言い表している．

ところが，生育初期にあって開花能力がないのは種子発芽後の幼植物だけではない．周期的な生育をする多年生植物で，その一生からみるとすでに性成熟相に達していて花をつけることができるようになった株であっても，分枝して新しく生長してくるシュートはその生育初期には花をつける能力がなく，ある程度生長してから開花能力が現れる．それはごく一般的なことであるから，一つひとつ例をあげる必要もないと思われる．ほとんどすべての植物が，新しいシュートに1枚の葉もつけないで花芽をつけることはなく，何枚かの葉をつけてから花をつける．性成熟相に達した多年生植物の新しいシュートで，開花能力のないこの発育相も幼若相といい，開花能力が現れるこ

とを「幼若性の消失」と呼ぶ人がある．私はこれをそれぞれ未花熟相，花熟化と呼び，花熟化したあとの発育相を花熟相と呼んでいる．その理由は，植物の一生を扱うときには幼若相，性成熟相でよいが，多年生植物の一つの生育周期を問題にするときに同じ言葉を使うのは，両者を区別しないことになって混乱するからである．とくにジェラルトン・ワックス（通称ワックスフラワー）のように，シュート先端は生長をつづけながら側枝に花がつく種類で，そのシュートが開花能力を周期的に失ったり回復したりするときには，同じシュートが「幼若」になったり「性成熟」したりすることになるので，一生の問題と一つの生育周期の問題とは区別するのがよいと私は考えている．

　私は，植物が歳をとりやがては老衰して死ぬこと，一方新しい生命はつねに若々しいところから出発することに興味をもち，「植物の老化と若返り」と題して論文を書いたことがある（ミチューリン生物学研究，9：117～126，1973）．また，多年生植物の一つの生育周期における未花熟と花熟の問題についてもいくつかの研究をおこなった．ここで，その研究について簡単に解説する．

　多年生植物の新しいシュートの花熟化の要因については，まだほとんど研究されていない．知られているのは，ただたんに時間の経過によるだけではなく，生育環境によってそれがつよく影響を受けること，とくに高温がそれを促進するらしいという程度である．たとえばユキヤナギは，秋になって日最低夜温が20℃ぐらいまで下がると花芽分化する．これを25℃以上にしておくと花芽分化しない．ところが，春に新しく生長してくるシュートは夏までにも夜温20℃以下の温度を受けているのに，秋になるまで花芽をつけない．それは，夏の高温を受けるまでは未花熟だからである．そして，未花熟になるのは地下部に発生するシュート（吸枝）だけではなく，開花枝で花がついたところより上の部位から出る枝も未花熟になっている．促成栽培して1月に開花させた株も普通は秋まで花芽分化しないが，開花株を1～2月に夜温23℃・昼温35℃の高温で40日間以上処理して自然温度に移すと，春に花芽をつける．すなわち，高温によって花熟化が早まるのである．ところが逆に，どうして未花熟状態になるのかについては分かっていない．

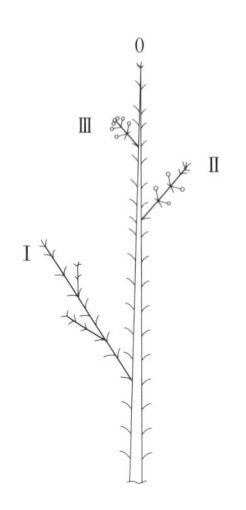

0：主枝，側枝が開花中でも先端は栄養生長
I：栄養枝，先端も側枝も栄養生長
II：基部節に発蕾，先端は栄養生長
III：発蕾，摘蕾すれば発蕾がつづく

第11図　ワックスフラワーの分枝と着花の習性模式図（小西国義，1997，園芸学会雑誌，66巻 別2）

この未花熟化の問題について，ワックスフラワーで調べたので紹介する．ワックスフラワーは，第11図のような分枝と着花の習性をもっている．すなわち，主枝の先端は，花蕾が発達して開花するころには生長速度がにぶるとはいえ，休眠（生長停止）することなく栄養生長をつづける．それぞれの葉腋には腋芽が分化しており，摘芯あるいは切り返すとそれが生長してくるが，普通は何節かとんで分枝する．開花は秋の涼しい温度で誘導され，短日がそれを促進するとされている．そういう条件におかれると，上位の分枝の葉腋に花芽を分化する．花芽をつける分枝の先端は生長がとまるのが普通であるが，潜在的な生長能力はもっているらしい．摘蕾すると発蕾がつづくし，なかには先端の生長点が生長を再開することがある．

岡山地方では10月中旬に発蕾がはじまり，その後，夜温10℃ぐらいに暖房した温室で1月上旬から開花する．11月下旬までは発蕾がつづくが，12月になると花芽分化に好適な条件（涼温・短日）でありながら発蕾がとまり，そのあとで発生する側枝は栄養枝になる．Shilloら（1984）は，開花前に発蕾しなくなるのは発達中の花芽がその後の花芽分化を抑制するからであるとしている．しかしながら，花芽を直径が0.5mm以下のできるだけ小さいう

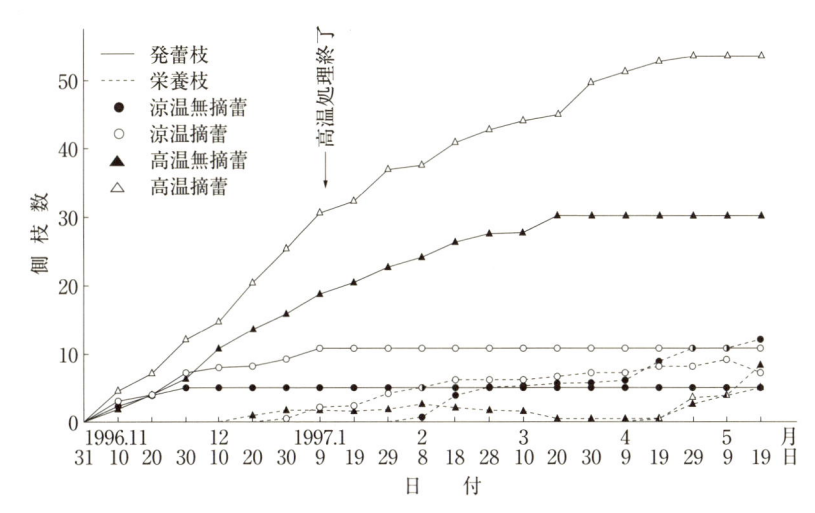

第12図　温度がワックスフラワーの発蕾枝および栄養枝発生に及ぼす影響（小西国義，1997，園芸学会雑誌，66巻別2）
温度処理開始ののち主枝に発生した側枝について調査した．温度処理：10月31日から1月9日まで，昼温35℃以下，夜温21℃以上．

ちに摘除しつづけても発蕾がとまったので，なにか別の要因に原因を求めなければならない．

　私は開花を誘導する条件が長くつづくと未花熟化するのではないかと考え，発蕾がはじまってから花芽分化を阻止する温度，すなわち高温を与えてみた．その結果は第12図のようであった．すなわち，普通に夜温10℃ぐらいで栽培したときには，花蕾をつけたままにしておくと11月下旬，花蕾を摘除しつづけても1月上旬に発蕾がとまり，かわって花芽をもたない枝（栄養枝）が出てきた．それに対して，70日間の高温を与えた場合には，摘蕾すると翌年の4月まで，花蕾を残しそれが開花しても3月まで発蕾枝が発生しつづけた．これにより，花芽分化が促進される条件が長くつづくと未花熟化し，発達する花芽がそれを促進するものと思われる．5月に発蕾がとまったのは，長日になったからであろう．

　いったん未花熟になったワックスフラワーは，高温を受けることで再花熟

II. 作型の多様化

第7表 発蕾停止後の高温処理が再発生した発蕾枝の数に及ぼす影響
(小西国義，1997，園芸学会雑誌，66巻 別2)

| 高温処理日数 | 高温処理終了後日数 | | | | | | | | | |
|---|---|---|---|---|---|---|---|---|---|---|
| | 10 | 20 | 30 | 40 | 50 | 60 | 70 | 80 | 90 | 100 |
| 0 | 0 | 0 | 0 | 0 | 0 | 0 | 0 | 0 | 0 | 0 |
| 20 | 0 | 0 | 0 | 0 | 0 | 0 | 0 | 0 | 0 | 0 |
| 30 | 0 | 0 | 0 | 0 | 0.4 | 0.4 | 0.4 | 0.4 | 0.4 | 0.4 |
| 40 | 0 | 0.4 | 1.2 | 6.0 | 8.4 | 9.2 | 10.0 | 10.0 | 10.0 | 10.0 |

摘蕾はおこなわず，高温処理をはじめたのちに主枝に発生した側枝について，花蕾の有無を調査した．
発蕾停止：11月下旬　高温処理開始：1月9日

化した．すなわち，発蕾を停止した株に40日間の高温を与えたところ，無摘蕾で開花中であるにもかかわらず，ふたたび発蕾するようになった（第7表）．

なお，ワックスフラワーでは長くつづく開花誘導条件が未花熟化を引き起こしたというだけであって，それがすべての植物にあてはまるわけではない．カーネーションやバラその他，多くの植物は特定の条件で開花が誘導されるわけではないが，それでも新しく生長してくる枝は未花熟になっているからである．

### (7) 真夏咲き花卉の開花調節

私が自前の温室で健康，研究，趣味，実益を目的にして花栽培をしていることは，序文で述べた．栽培する種類については，消費者の感覚を尊重して，妻の意見を聞いている．その妻が「○○をクリスマスごろに咲かせてはどうか．」とか，「××を春の彼岸ごろに出荷してみたい．」というのが，きまって真夏に咲く種類である．はじめは「そんなことができるか．」と返事していた．しかし考えてみると，春咲きや秋咲きの種類の開花調節法はよく研究され，春咲きのものは主として温度処理で，秋咲きの種類は主として日長処理で開花調節されている．それに対して，真夏咲き花卉の開花調節については，アスターその他いくつかの種類で調べられているが，研究がすくない．そこで，真夏咲きの種類を冬に開花させる方法を研究した．とりあげた種類はヒマワリ，セロシア，センニチコウ（ハーゲアーナ系，宿根草），サルビア・

ファリナセアなど，かなりの数にのぼる．ここでは，結果の図表をはぶいて結論だけを簡単に述べる．

　サルビア・ファリナセアは長日植物であり，晩秋からの自然日長ではロゼット状になって開花せず，電照することによって開花した．とりあげたその他の種類はいずれも量的な短日植物で，秋からあとの短日では少ない葉数と低い草丈で開花した．これらは電照することで開花は遅れるが草丈が高くなり，品質のよい切り花になった．

　このように，真夏咲きの種類には一部に長日植物もまじっているが，大部分は量的な短日植物である．そして，良質の切り花を得ようとすれば，いずれの種類も電照が必要である．この場合の電照は，深夜電照よりも朝夕の電照で14～15時間日長にするのがよい．セロシアのようにいっせいに採花する種類では，ある程度の草丈（セロシアでは10～15 cm）になるまで深夜電照をし，そのご電照をやめて自然日長にしてもよい．しかしながら，たとえばハーゲアーナ系のセンニチコウのように，出てきた側枝に次々と花を咲かせて採花をくりかえす種類では，つねに14～15時間日長にしておくのがよい．それによって質のよい切り花が継続してえられる．

　電照といえば，キクその他の例から深夜電照を考えがちであるが，それは質的な短日植物を開花させないためのものである．量的な短日植物の場合は，深夜電照をすると開花が非常に遅れるのが普通である．開花させないためではなく，早すぎる開花を遅らせて質のよい切り花にするための電照であるから，適当な長さの日長にするのがよい．その適当な長さというのが，私が調べたところでは14～15時間なのである．私は質的短日植物の開花を完全に抑えるときには深夜電照をおこなうが，そのほかの場合には，日本の夏至のころの日長かそれよりもいくらか短い日長にして栽培している．

　なお，質的な短日植物の開花を阻止するときには長日処理の光源は蛍光灯がいいのであるが，長日植物の開花を促進させるときや量的短日植物の開花を遅らせて茎を伸ばさせるときには，蛍光灯よりも白熱灯のほうが効果的である．

## 付1．植物の老化と若返り

以下の文書は，雑誌「ミチューリン生物学研究」9巻2号（1973年12月）に掲載された論評を基にしたものである．古い文書であるために，今からみると表現が不適切あるいは舌足らずのところがあり，かなりな程度に加筆，訂正した．

### 1．はじめに

　私が植物の老化と若返り問題について考えるようになったのはかなり古く，1957年頃のことである．植物を個体レベルでみると，その一生は接合子の分裂で始まり，生長・発育し，ついには死でもって終わる．その間，たとえばヤロビザーチヤ（バーナリゼーション＝春化）要求をもつ植物は，そのための条件が満たされて（低温を受けて）はじめて正常に発育し，開花・結実する．ところが，植物がこれらの条件と発育相を経過してできた種子，つまり次世代の植物個体は，その後の正常な生長と発育のために，親植物が経験したのと同じような条件を要求する．私はこの事実に興味をもち，どうしてそうなるのであろうかと疑問をいだいた．

　植物（生物）における生長と発育の概念は個体レベルでのものであり，個体発生の一連の過程をそれら二つの側面からとらえようとするものである．したがって，個体をこえ，次世代をも包含してとらえようとすれば，それにはもう一つの違った観点が必要となる．その違った観点というのが，ここで問題にしている「老化と若返り」なのである．植物個体の生長と発育を，のちに述べるように老化としてとらえるならば，次世代の個体が親と同じような経過をたどって生長・発育するのは，いずれかの過程で若返ったからであるとみなければならない．その際，考えられるのは生殖過程での有性的な若返りである．しかしながら，生殖過程だけでなく非生殖過程（栄養過程）での若返りもしばしばみられるように思われる．たとえば開花して枯れたマダケの竹林が，実生によらないで再生する場合がその一つの例である．

　こういうことを骨子にして，私的な研究会で，植物の老化と若返り問題について報告したことがある．私がこの問題にとりついたのは古いのである

が，解明の程度はあまり進んでいない．以下に現在までの到達点を述べ，不十分なところはさらに深めてゆきたい．なお，この論評は中間報告的なものであるので，詳細な文献的論証は省略する．

## 2. 植物の基本的矛盾の一つとしての老化と若返り

普通の一巡植物（mono-carpic plant）の一生は接合子の分裂で始まり，胚の形成，発芽，そして旺盛な栄養生長ののちに開花，結実し，やがて死に至って終わる．普通の多年生植物の場合は，発芽して旺盛な栄養生長をし，開花できる状態になったのちに生長と開花・結実とを多年にわたってくり返すのであるが，この植物個体もまたいずれは死に至ると考えられている．この一連の流れ，接合子の分裂で始まり死によって終わる一連の流れを私は老化といっている．したがって，老化は老衰ではない．老衰は老化の最終段階のことである．ここでいう老化は生長と発育を包含する概念であり，また，形態と生理を含むものである．普通はこれを「加齢」ということが多いが，加齢の反対語は「減齢」であり，それはゼロにまで戻る若返りとは意味が違うので，私は「若返り」の反対語として「老化」の語を使っている．

一方，植物の一生をその形態形成の面から，とくに組織学的にみると，それは生長と分化からなっている．ここでいう生長は同質の細胞，組織，器官の増加のことであり，分化とは異質な細胞，組織，器官の出現のことである．

接合子はその最初の分裂において大小二つの細胞に不均等に分裂し，その小さいほうの細胞はのちに幼芽を含む胚の大部分になり，他の大きい方は胚柄と胚の幼根に発達する．すなわち，接合子の最初の分裂によって生ずる二つの細胞は，すでに形態的にだけでなく内容的，機能的にも差異があるわけで，そういう意味ではすでに分化した細胞ということになる．ただし，この段階での差異はまだ絶対的なものではなく，将来幼芽を含む胚になるか胚柄と幼根になるかは，まだ可変である．人為的に条件を変えること，とくに上下を逆にすることによって，大きい細胞から幼芽を含む胚の大部分に発達させることができる．接合子の不均等分裂には，重力による極性が関係している．重力によって細胞の原形質密度に差異が生じ，その密度の高い方から幼芽を含む胚ができる．

## II. 作型の多様化

　胚には幼芽と幼根があり，幼芽は茎や葉に，幼根は根に発達する．こうして，生長した植物体を構成していてそれぞれ特徴のある細胞のすべてが，もともとはごく単純な一つの接合子，あるいはそれから分かれた二つの細胞に由来するのである．そして，特徴のある細胞の出現は，接合子の分裂が不均等であるように，発生の進んだ植物体であっても，母細胞が異なる二つの娘細胞に不均等に分かれることと結びついている．この不均等分裂による細胞分化が組織分化をひきおこし，形態形成がおこなわれてゆく．細胞が均等に分裂するかぎり組織分化はなく，したがって器官の分化もない．

　ところで，ここでいう老化は，単なる細胞や組織あるいは器官の分化を意味するものではない．さきに述べたように，老化は接合子の分裂から死に至るまでの，生長と発育を包含する一連の流れをいう．細胞や組織の分化は老化の表現ではあるが，老化そのものではない．したがって若返りも，単なる細胞や組織の脱分化をいうわけではない．最近，高等植物における組織培養の研究が進み，いろいろな種類の植物の茎や葉，花など，いたるところの組織や細胞から新しい植物体をつくることに成功している．この場合，すでに分化し特殊化している茎や葉の細胞がいったん脱分化してその特殊性を失い，そのうえで新たに再分化して植物体に発達してゆく．この際の脱分化はもちろん若返りである．しかしながら，ここでいう若返りは脱分化だけを指すのではない．それはもっと範囲の広いものであり，死へ向かっての流れと逆の流れ，反対方向への変化をいう．

　植物に老化の過程だけがあって若返りのそれがないとすれば，その植物個体だけは開花して一生を終わることができるだろう．だが，それでは，その種は滅亡するよりほかはない．ところが現実には，種は連綿として存在しつづけている．したがって，植物はいずれかの過程で若返っているということになる．ある植物が存在しているということは，そこに老化と若返りとが共に存在するということでもある．そういう意味で，老化と若返りは植物の基本的矛盾の一つであるといえる．

　植物の基本的矛盾には，たとえば同化と異化，生長と発育などがある．同化と異化は生理レベルでみられる矛盾であり，生長と発育は個体発生レベル

での矛盾である．それに対して老化と若返りは，普通は個体をこえたところでみられる矛盾，個体の増殖に伴ってみられる矛盾である．

若返りは，通常は生殖過程でみられる．生長・発育して老化した植物個体は，次世代を形成することによって若返る．生殖過程は，植物にとって，単なる遺伝子の組み替えという点で意義があるのではなく，若返りの過程でもあるところに，より重大な意義があるのである．

また若返りは，生殖過程においてだけでなく，非生殖過程においても認められる．その際，多くは植物体の一部が母植物体から切り離されて独立することと結びついている．あるいはまた，切り離されないまでも，基部分枝のように植物体の一部が他からの相対的な独立性を獲得するときにも，部分的な若返り現象が認められるようである．

## 3．植物の寿命

単細胞植物の場合，普通は，一つの細胞が分裂して二つの細胞になるということは，一つの生命の死を意味すると同時に二つの生命の誕生を意味する．もちろん分裂だけが死ではなく，分裂に至らないうちに何らかの原因で死ぬこともある．一般にはこちらの方が圧倒的に多い．しかしながら，素直に考えた場合の単細胞個体の寿命は，細胞分裂から次の細胞分裂までの期間ということになる．分裂によって生まれた単細胞個体はそのまま生長・発育し，つまり老化して，やがて二つに分裂することによって若返る．早いものは数十分間で分裂する菌類もあり，その場合の寿命はわずか数十分間ということになる．

クロレラの場合は，単一の細胞が分裂してもそれらの細胞がすぐにばらばらになるのではなく，何次かにわたって分裂をくり返し，細胞数がある程度（普通は32個）になってはじめて分離する．それまでの期間，すなわち個々に分離した細胞が分裂をくり返して再び分離するまでの期間をクロレラ個体の寿命と考えることもできる．しかしながら，この細胞集団がたんなる細胞の集まりであって有機体をなしておらず，したがってクロレラが単細胞植物であるとするかぎり，細胞分裂から次の細胞分裂までを寿命とするのが適切であろう．

アオミドロはその接合胞子が発芽する際に減数分裂し，半数体の細胞が分裂をくり返して糸状に伸びる．それが何らかの原因で切断されると，栄養的（無性的）に増殖することになる．また，よく知られているように，この種類は平行する2本の糸状体の対をなす細胞，あるいは同一糸状体の隣接する二つの細胞が接合することによって，生殖的（有性的）にも増殖する．この場合の寿命は，接合から次の接合までの期間とするのが妥当であろう．しかしながら，糸状体の切断が外部からの力によるのではなく，それ自体のなんらかの要因で切離する場合には，切離からつぎの切離までを寿命だとみることもできる．それはクロレラで細胞集団が分離するときに似ている．アオミドロでは糸状体の切離によっても若返るとみられるが，より完全な若返りは接合つまり生殖過程において起こる．これは，のちに述べる高等植物における栄養過程での無性的な若返りと生殖過程での有性的な若返りの違いを，最も単純な形で示すもののようである．

高等植物における寿命のとらえかたは，これらより一段と複雑になる．それは何をもって植物の寿命とするかのむずかしさに関係している．一・二年草などの一巡植物の場合は比較的に単純であり，発芽（正確には接合子の最初の分裂）から開花・結実して枯死するまでを寿命とみてよい．しかしながら一年草のペチュニア，ホウセンカ，マツバボタンなどのように挿し木で繁殖できる種類の場合，挿し木で得た個体の寿命は，その個体の寿命の終わりははっきりしているが，初めが明瞭でない．すなわち挿し木による場合，その個体の寿命の始まりを接合子の分裂開始時とするのか，あるいは母植物体から切り離されたときとするかは，クロレラのときと似ていてむずかしい問題である．植物は本来的には多年生であるから，一年生であっても人為的に多年生にできることが多い．

一・二年草のような一巡植物では，一つの胚に由来する分裂組織は花の形成によって消滅し，それは生殖過程をとおって次世代に引きつがれてゆく．したがってこの場合の寿命の終わりは，挿し木などで繁殖されたとしても明らかである．ところが多年生植物の場合は，茎の頂端分裂組織は開花・結実しながら，永年にわたってその機能を維持しつづけるので，情況はさらに複

雑になる.

　ある一つの植物個体についてみた場合，その寿命はわずか数カ月間のものから数千年にわたるものまで，さまざまである．同一種をとってみても，たとえばスギの樹には，数十年で枯れるものから千年以上にわたって生きつづけるものまである．日本におけるスギの古木としては屋久杉の例がある．屋久島には樹齢千年以上のスギの樹が多数あり，それを特別に屋久杉という．「縄文杉」と名付けられたものの樹齢は5千年以上とされる．また，高知県長岡郡のJR土讃線沿線の川向こうに杉の巨木が2株ある．その一つは目の高さの幹周りが約15メートルで，日本では屋久杉をのぞけばこれが最古木である．樹齢は千年以上と推定されるが，はっきりしたことは分からない．一説には3千年とされる．

　全樹種をとおして日本最大の樹木は，鹿児島県姶良郡蒲生町に生育するクスの樹であろうとされる．人の目の高さの幹周りが24メートルを越え，株基には大きな洞窟がある．樹齢は明らかでないが，千数百年以上を経過しているものと推定されている．樹木で寿命の長いものの例は，このほかに北アメリカのセコイアスギがあり，樹齢は4千年だろうとされる．こうしてみると，同じ種類で寿命に長い短いがあるので，ある樹木個体の寿命は，その梢端にある分裂組織そのものの寿命によるのではなく，その樹木全体の生育条件とその内的な状態によるもののようである．とはいえ，上にあげた例よりも寿命の長い植物は知られていないので，植物個体の寿命には限りがあるとみなければならない．

　多年生植物の寿命について考察する場合，ある一つの植物個体の寿命だけでなく，一つの胚に由来する栄養系（クローン）のそれについても検討しなければならない．一つの植物体から栄養的に分かれた個体の集まりを栄養系という．多年生植物が栄養的に増殖することによって，同一の胚に由来する植物個体が広く分布するようになり，もともとの植物体は枯死してもそれから分かれた植物が生きつづけ，しかもそれがさらに栄養的に増殖する．こういう例はごく一般的に認められるところである．たとえばキクの'乙女桜'という品種（今なら'秀芳の力'）は全国的に広く栽培されているが，その枝変わ

り品種も含めて，すべての株が一つの胚に由来している．世界中で栽培されてきたカーネーションのシム系品種群は，1938（あるいは 1939）年に作出された'ウイリアム・シム'という一つの品種が元になっている．この品種は枝変わりしやすい性質をもち，枝変わりだけで 200 を越える品種が現れ，一時は世界で生産されるカーネーションの 90 % 以上をこの品種群で占めたことがある．それらすべての個体がただ一つの種子（胚）から殖えたのである．そういうわけで，ある植物個体の寿命が終わっても，同じ一つの胚に由来する植物の寿命が終わってしまうわけではない．

ギンモクセイは雌雄異株であるが，日本で栽培されているものはすべて雄株であり，繁殖はもっぱら挿し木によっている．日本では，すでに「大和本草」(1628) に紹介されているから，少なくとも 370 年以上にわたって，生殖過程をとおることなく生きつづけていることになる．ギンモクセイには古木はあまりみられないから，植物個体としての寿命はあまり長くないのであろう．島根県簸川郡湖陵町に樹齢 150 年以上とされる古木があるが，樹勢はすでにかなり衰えている．キンモクセイも日本には雄株だけが栽培されているが，これにはかなりの古木がある．そのなかで，静岡県三島大社のものが最も老齢であろうとされている．

マダケは地中を横に走る地下茎にいわゆる竹ノ子（筍）が現れ，栄養的に増殖しながら竹林をつくってゆく．ふだんは栄養生長だけであるが，まれに開花する．ササもそうである．これらの開花は周期的であり，一説にはマダケは 120 年に 1 回，ササは 60 年に 1 回開花するとされるが，その証拠はない．いったん開花し始めると，2～3 年のうちにつぎつぎと開花し，やがて竹林全体が枯れてしまう．ササの場合は種子ができ，実生によって再び笹藪ができるが，マダケは自家不和合性であるためにごくごくまれにしか結実しない．したがって，枯れた竹林の再生は実生によることはまずない．実際には，竹林が枯れるまえにその周縁部に小さい竹が現れ，それが元になって竹林が再生する．その小さい竹を再生竹といっている．こうして，日本に自生もしくは栽植されているマダケは，永年にわたって栄養的に生育しつづけてきたわけであり，その寿命がどれだけであるのかは明らかでない．

同じような例としてヒガンバナがあげられる．日本に広く分布しているヒガンバナは染色体数が $2n=33$ であって，結実しない．マダケの場合も同様であるが，かつては稔性であっただろうと思われるものが，いつの頃に不稔性になったものかは明らかでない．また，どうして不稔のものだけが分布するようになったかも，興味あるところであるが分からない．したがって，ヒガンバナの寿命がどの程度のものかは推測できない．日本には，ヒガンバナは東北地方から九州まで広く分布しているが，すべてが3倍体であって稔性のものはみられない．一つもしくは多くない数の胚に由来したであろうと思われるヒガンバナがここに至るまでには，かなりの年数を経ているだろうことは容易に推察できるところである．

　食用バナナについても同じことがいえる．普通のバナナは不稔性であってもっぱら栄養繁殖され，その寿命は有史以前からのものであろうと考えられている．また，ミズゴケは年々数cmずつ伸びながら，その下部は枯れてゆくが，枯死したものが深さ十数mの泥炭層をなしていることもある．そういうところのミズゴケは，少なくとも1～2万年は生長しつづけているものと考えられている．

　このような例は，ほかに幾つもあげることができる．結論として言えば，一つの植物個体としてみたときには，樹齢数千年という例はあるにしても，その寿命には限りがある．しかしながら栄養系としてみたときには，一つの接合子に由来する植物の寿命，とくにその前分裂組織の寿命は，条件さえととのえば半永久的なもののようである．

## 4. 高等植物の老化現象

　このように，植物の茎や根の先端にある前分裂組織は，条件によっては半ば永久的にその機能を維持しつづけるが，一つの植物個体をみると，生長・発育してついには死ぬ．すなわち，個体レベルでみると，植物は着実に老化してゆく．そこで問題となるのは，老化の進行程度を何によって把握するかである．老化の程度というのは植物体内部の状態のことである．植物体の内的な状態は必ず形となって現れる．以下に老化の表現形態について考察してみよう．

II. 作型の多様化

　植物の老化の指標として最も一般的に受け入れられるのは，その開花現象であろう．よく知られているように，植物は種子が発芽して一定期間あるいは一定量の生長をするまでは，たとえ好適な環境条件のもとにあっても開花しない．開花は老化の結果であり，ある植物個体が開花するようになったということは，老化が一定程度進んだということの証拠でもある．

　好適な条件のもとでも開花しない生育初期の発育相を幼若相，開花能力が現れたあとを性成熟相と言っている．幼若相にあるときには開花能力がないだけでなく，しばしば葉や茎などの外部形態に幼若相の特徴が認められ，その形態を幼形という．性成熟相の形態は成形である．形態を重視するときには，これらの発育相をそれぞれ幼形期，成形期とよんでいる．

　テッポウユリの種子が発芽すると，現れる子葉は基部が肥厚してリン片になる．そののちに現れる緑葉は，まずはじめのものは低出葉であって，これも基部（葉鞘部）が肥厚する．その後ある程度生育が進むと基部の肥厚しない，葉身だけからなる普通葉が形成され，茎は節間が伸長して地上に現れる．その頃，最上位の基部肥厚葉の葉腋に芽が形成され，その芽がつぎつぎにリン片葉を分化して新しいリン茎が発達する．ユリの葉には地上茎につく葉身だけからなる普通葉，葉身をもたずに葉鞘部が肥厚したリン片葉，葉身と肥厚した葉鞘からなる基部肥厚葉の3種類がある．ユリは基部肥厚葉が形成されている間は花を形成しない．

　普通葉が現れるようになると，ユリは外的な条件がよければ花を形成する．しかし，普通葉を形成するようになったものが，好適な条件であれば必ず花芽を分化するのかどうかは明らかでない．テッポウユリとタカサゴユリとの交雑種であるシンテッポウユリは，実生苗を高温で栽培するとわずか数枚の基部肥厚葉を形成したのち，普通葉をつけた細い茎が伸長してくることがある．この場合，多くは開花に至らず，株元により大きな基部肥厚葉が現れて充実したリン茎になる．はじめに伸長した茎は花芽を分化しないまま生長点活動を休止したのか，あるいは分化した花芽が発達を停止したのかは，私はまだ確認していない．なお，節間伸長したテッポウユリが，まれには頂部にリン茎を形成することがある．その条件は明らかでないが，それは一種

の栄養過程における若返りであると考えられる．

　幼形期と成形期（発育相としては幼若相と性成熟相）とで葉の形態が極端に異なる例は，ほかにも数多く認められる．ヤナギバアカシアの成形期の葉はヤナギのような細長い単葉であるが，幼形期のそれは羽状の複葉である．ユーカリの葉は幼形期には丸みをおびているが，成形期には細長くなる．種によっては直径数 cm の正円形に近いものから，幅 2〜3 cm，長さ十数 cm の葉へ変わることもある．

　キヅタ（ヘデラ）は，幼形期には蔓になってよじ登り，1/2 葉序の葉には二つの大きな切れ込みがある．こういう生育をしている間は開花しない．立ち上がって小かん木状の生育をし，切れ込みのない葉を 2/5 葉序でつけるようになると，やがて開花する．この二つのタイプのものは，同じ種でありながらまったく別種のようにみえ，かつては別々の種とされたことがある．種子が発芽して成形のシュートを出すまでには，少なくとも 10 年はかかるとされる．いったん成形になると，それは挿し木によって維持される．

　クジャクサボテン類やシャコバサボテンは，実生の若い株の間は茎節が丸くて棒状であり，生育がすすむと偏平な茎節になって花をつける．偏平な茎節を挿し木したときにも，それを 2〜3 回基部まで切り返すと，現れる茎節は棒状になる．これらの種類では，棒状の茎節には花がつかない．

　このほか，カンキツ類の多くは実生苗の生育初期には茎に刺があり，やがてそれが現れなくなると花芽をつける．ナシやリンゴも同様である．

　これらは，花が形成されるようになるまでの形態的な変化である．そのほかに，花が形成されるようになったのちに起こる変化もある．その例の一つとして 'Acorn' カボチャをあげることができる．この種類は葉腋につぎつぎに花をつけてゆくが，Nitsh ら（1952）によれば，基部数節には不完全に発達する雄花だけが形成される．その上の何節かにも雄花だけが形成されるが，それらは正常に発達する．次には正常な雄花と雌花がつき，さらに，大きく発達する雌花と発育不良の雄花がつくようになる．そして，生育がいっそう進んだ段階での先端部の葉腋には雌花だけがつくようになり，しかもその雌花は単為結果する能力をもっている．この場合は，植物体が老化するにした

がって生長点部がより生殖的になり，より生殖的な花を形成すると考えることができる．これはウリ類にかぎったことではなく，ほかの種類についても一般的にいえることのようである．たとえばキクについてみると，普通葉よりも苞葉あるいは総苞リン片が生殖的であり，総苞リン片よりは舌状花が，舌状花よりは管状花の方がいっそう生殖的であると考えることもできる．

　これらのほかに，老化の程度はその植物体あるいは組織の再生能力に反映する．もともと老化というのは，可能性の範囲が狭くなることとして考えられるが，一般に老化が進むと再生能力は低下する．ギンヨウアカシアやユーカリのある種は，実生当年生の株から穂をとって挿し木するとよく発根するが，2年生株からの穂は発根率が低く，3年目にはほとんど発根しない．

　以上みてきたように，植物個体が老化してゆくことは確かである．老化に伴って形態に変化があり，花が咲きやすくなり，再生能力が低下してゆく．では，何が老化の原因であり，原動力であるのか．この質問に対する完全な解答はまだ準備されていない．この問題と関連して，分裂組織とくに茎の頂端分裂組織が果たして老化するのかどうかが問題になる．

　分裂組織の老化問題については，大きく分けて二つの意見がある．その一つは，分裂組織の活動によってそれまでと違う組織や器官が分化するのは，植物体の他の部分から伝えられてくる情報（物質）によるのであって，分裂組織そのものは一生をとおして変わらないし，したがって老化しない，とする見解である．すでに形成され，機能しているほかの植物体部分から分裂組織に伝えられる物質の種類やそれらの割合が植物体が老化するにしたがって変化するために，変わらない分裂組織が形態的，生理的に特徴のある組織をつくりだす，というのである．この見解をとるのは，植物生理学者のなかに多いように思われる．

　たとえば，テッポウユリの茎頂はリン片葉や基部肥厚葉あるいは普通葉を分化するのであるが，葉の分化初期の段階では，それらのいずれに発達してゆくかはまだ決まっていない．6月ごろの形成途中のリン茎で，中心から10番目ぐらいまでの葉原基はそのままにしておくとリン片葉になるが，外側の成熟したリン片を取り除いて若いリン片と葉原基だけにしてしまうと，本来

はリン片葉になるべきそれらの葉原基が基部肥厚葉または普通葉になる．すなわち，分裂組織が葉の原基をつくりだした段階では，葉原基は条件しだいでいずれにも発達する可能性をもっている．また，ウリ類の雄花と雌花は，花芽形成の初期段階ではまだどちらになるか決まっていない．形成がある程度進んだところで，雌雄花のどちらに向かうかが決定される．その決定は，他の植物体部分からの影響による．

もう一つの見解は，分裂組織そのものが老化するというもので，園芸家のなかにはこの見解をとる人が多い．たしかに分裂組織の活動は他の植物体部分からの影響を受けるが，それに対する分裂組織の反応はその老化の程度によって異なるとする意見である．たとえば，エンドウの若いシュートに接ぎ木した老齢のシュートの頂部は伸長しなかったが，老齢のシュートに接いだ若齢の茎頂はよく伸長したことから，茎頂そのものの老化とそれの他部位からの相対的な独立性を主張する見解がある．この見解を極端におし進めてゆくと，たとえば'二十世紀'ナシはその分裂組織に寿命があって，原木が枯れるときには，すでに全国的に分布しているこの品種のすべての樹の寿命も終わりになるのではないか，という考え方にゆきつく．

ここにあげた二つの見解を支持する事実や実験結果は，それぞれに数多く認められている．しかも，同一の種類で両者の見解を支持する別々の結果が報告されている．たとえば成形のヘデラにジベレリンを与えると幼形に変わるが，その幼形はその後かなりな長期間にわたって持続する．このことからは，茎頂部の相対的な独立性がうかがえる．一方，幼形と成形の株を同じガラス容器で一緒に水栽培すると，成形のものが幼形に変わる．すなわち幼形の植物体から伝えられる何物かによって，成形の分裂組織が幼若相に若返るのである．

これらとは観点が異なるが，茎頂を切り取って無菌的に培養すると新しい植物体が再生することから，茎頂は成熟した組織にはあまり影響されずに自律的に発達する性質をもっている，とする見解もある．

茎頂の自律性を主張するものを除けば，ここに紹介した見解は，いずれも分裂組織がほかの組織や植物体部分からの影響を受けるとする点では共通し

ている．植物の老化問題を検討するにあたっては，この見地は正しく受け止めなければならないものと思う．

　Fisher (1955) は，短日植物であるダイズの中生品種 'Lincorn' を種々の日長で栽培して，花蕾がついたときの成熟葉と未成熟葉の面積割合を調べている．それによると，11時間半の日長のもとでは成熟葉の面積が未成熟葉のそれの5倍のときに着蕾し，13時間日長では8.2倍，日長が14時間半では11.5倍，16時間日長では14.7倍になったときに着蕾した．未成熟葉の面積はいつもほぼ一定であるから，成熟した古い葉が多くなるとダイズはより長い日長でも花を形成するようになるといえる．

　ダリアの塊根は秋の短日のもとで肥大し，その芽は同じ短日条件で休眠する．ダリアを春から秋までのいろいろな時期に挿し木して育て，それに形成された塊根の芽の休眠状態を晩秋に調べたところでは，秋に挿し木して古い葉，古い植物体部分の割合が少ないものほど休眠が浅かった．

　これらのことから，植物体の新しい部分と古い部分との矛盾，分裂組織とそれがつくりだしてすでに成熟している器官や組織との矛盾こそが老化の原動力であるように思われる．さきに形成されてすでに古くなった部分の割合が多くなるにしたがって，分裂組織は老化程度のより進んだ組織をつくるようになる．その組織が成熟すると，その影響を受けてさらに老化の進んだ組織が形成される．

　ところで，分裂組織の老化問題について，もういちど考察しておこう．結論を先にいえば，私は分裂組織も老化すると考えている．接合子の最初の分裂が不均等分裂であって大小二つの細胞になること，二つの細胞はすでに分化していて，接合子とはいくらかなりと異なることはすでに述べた．分化した細胞は分化したということのうえで次の分裂をするので，有機体としても個々の細胞としても，それなりに変化が生ずる．分化，発育がいっそう進んだ段階では，細胞が分裂能力を維持している組織とそれを失った組織，つまり分裂組織と永久組織に分かれる．そして，その段階での分裂組織の細胞は，接合子が分裂しはじめたときのものとは明らかに異なっている．すなわち，植物体の生長と発育にともない分裂組織そのものも，あるいはそれが生

み出す細胞や組織も変化してゆく．そういう意味で，分裂組織も変化し発展してゆくと考えるべきであろう．

　分裂組織の老化問題について先に紹介した見解のうちで分裂組織が植物の一生をとおして変わらないとするものは，分裂組織を植物体の他の部分から切り離してとらえている．茎頂培養によるラン類の増殖やカーネーション，キクなどの無病苗の育成のときに観察されるように，茎頂部を切り離して培養すると，いずれも若齢の植物体が得られる．しかしながら，これをもって茎頂部はもともと若齢であったとか，老化していなかったと結論してしまうのは早計であろう．むしろ，これらの結果からは，切り離される前と後とでは茎頂部の存在の仕方が異なることをこそ指摘するべきである．

　植物体は一つひとつの細胞によって構成されており，個々の細胞は有機体のなかの一つの細胞として活動していて，他の細胞や組織からの影響を受けており，独立して存在しているわけではない．有機体としての植物体が全体として老化してゆくとき，しかもその老化が分裂組織の活動によって表現されるとき，分裂組織は老化してゆく植物体の一部として存在しているのであって，切り離されて存在するわけでもなく，また不変のものでもない．そういう意味で，植物体のほかの部分と同じように，分裂組織も老化すると考えるべきであろう．

## 5．高等植物の無性的若返り

　植物の若返りが典型的には生殖過程で起こることはすでに述べたので，それについてはここではふれない．ただ，生殖過程をとおしての有性的な若返りは，これから述べる栄養過程での無性的若返りに比べて完全であることを指摘しておく．たとえば，樹齢千年のスギの樹からの実生苗と樹齢十数年のものからのそれとでは，生長速度その他の生長力に差は認められない．

　ところで，生殖過程を経ると植物はどうして若返るのかが問題になる．しかし，その原因を追及するまえに，無性的若返りについてみてみよう．それによって，有性的な若返りの原因も明らかになるはずである．

　シソやオナモミ，ゼラニウム，タマネギなどでは，その花序の中から栄養枝が現れることがある．ポインセチアでは花序軸の苞葉腋芽が栄養枝にな

り，それが生長すると花序軸が幹にもなる．また，キクでは花序の中に小花序が形成されることがある．これらは発育相の逆転としてとらえられている．この現象も無性的な若返りの一種である．これらのうちのシソやオナモミ，ポインセチア，キクなどは，栄養生長状態を維持する条件（主として長日）と生殖状態へ転換する条件（主として短日）との違いが際立っていて，生殖相へ転換したのちに外的な条件が変わって栄養相に引き戻されるのであり，以下に述べる無性的若返りとは問題が必ずしも同質ではない．タマネギやゼラニウムの場合はシソやオナモミとは異なるようであるが，それらでどうして花序の中に栄養枝ができるのかは，まだ明らかにされていない．

さきに，植物に無性的な若返りが認められること，その際の若返りは植物体の一部が他から切り離されることと関係深いことを指摘しておいた．たとえばキクの株を植えたまま放置しておくと，数年でまったく貧弱な生育しか示さなくなる．こういう株は，しばしば長日条件でも花芽をつける．これを株分けまたは挿し芽で繁殖して別の場所に植え替え，それをくり返すと，永年にわたって良好な生育が維持できる．

また，マダケは老化の結果として開花し，竹林全体が枯れるが，その際，竹林の周縁部に小さな竹が残り，それが元になって竹林が再生する．一点で生育が始まったときのマダケは，四方八方に地下茎を伸ばして繁茂してゆく．生育の初期には，すでに占有している面積に対するこれから伸びる面積の割合，つまり新しく獲得してゆく面積の割合は大きいが，生育が進んで竹林が大きくなるにしたがってその割合は小さくなってゆく．そこに竹林全体としての老化と，その結果としての開花の要因があるように思われる．竹林全体を一つの株と考えることもできるのであるが，もしここで，たとえば竹林の古い部分を掘りとって土を耕起することなどにより，株（植物体）の古い部分と新しい部分との矛盾を取り除いてやれば，あるいは開花しないのではなかろうか．事実，管理のゆきとどいた竹林には開花はみられない．竹林の老化は，新しく生長する部分に対して生長できない古い部分が多くなることによって起こるもののようである．竹林の大部分が枯れて，その周縁部の一部が切り離されて残り，残った一部が新たに進出できるようになって若返るも

ののように思われる．

　開花しているカーネーションの上位節の側枝は，ごく少数の葉をつけて開花する．この側枝を母株につけたままで摘芯しても，それに生ずる第二次の側枝は同じようにごくわずかな節数で花芽をつける．ところが，上位節のすでに花蕾をもっている側枝をとって挿し芽し，できるだけ早く摘芯して側枝を生長させると，その側枝（第1次側枝）はかなり多くの節数で開花する．さらにこの側枝を摘芯して第2次の側枝を生長させると，それらは普通に栽培されるものと同じように生長して開花する．

　組織培養や細胞培養による新しい植物体の育成においては，植物体のごくごく一部だけが母植物体から切り離される．園芸の分野では，栄養繁殖による増殖能率の悪い種類について，組織培養によるその急速増殖が実用的におこなわれている．シンビジウムもその例である．洋種シンビジウムの茎頂を0.1 mmぐらいに切りとって培養すると，その茎頂はまず原塊体（プロトコーム）のような塊になり，同時にその上に多くの芽が形成される．その塊を分割して継代培養することによって，急速大量増殖ができる．

　ところでシンビジウムには，種子が発芽してまずプロトコームを形成し，その頂部から葉が展開して偽球茎になる種類と，発芽後まず根茎（ライゾーム）になり，それが細長く伸長したのちに葉を展開して偽球茎を形成するものとがある．後者の場合も，いったん偽球茎になるとその基部の芽は根茎にならずに偽球茎になる．発芽したのち洋種のシンビジウムは原塊体を，シュンランやカンランなどの日本シンビジウムは根茎を形成する．

　洋種シンビジウムを茎頂培養すると原塊体（原塊体様球体とよんでいる）になるのであるが，組織培養の研究が始まった頃，日本のシュンランを茎頂培養すると種子からのようにライゾームになるのか，あるいは成株の偽球茎の小型のものとしてのプロトコームになるのか，私にとっては興味のあるところであった．今は常識になっているが，実際に培養に成功した結果ではライゾームになった．茎頂は，母株から切り離されて独立することによって若返ったのである．

　組織培養による新しい植物体の育成は，茎頂部からだけでなく他の組織，

あるいは細胞からも成功している．葉の組織から直接的に新植物体を得る例としては，ファレノプシスの葉片培養がある．ファレノプシスの若い葉を培養すると，その縁に不定芽が分化する．これと同じような葉組織からの不定芽形成は，ベゴニアの葉片挿しやユリのリン片挿しで古くからよく知られた現象であり，それは実際に利用されてきた．

また，植物体の各部位の組織を培養してカルスを形成させ，そのカルスに不定芽を分化させることにも，多くの植物で成功している．さらに，カルスの細胞をばらばらにして培養し，その一つの細胞から新しい植物体を得ることにも成功している．ここには一つひとつ例をあげることはしないが，はじめてそれに成功した Steward ら (1958) の仕事が有名である．彼らは野生ニンジンの根の二次師部組織を液体培地で振とう培養して細胞をばらばらにし，その細胞のけん濁液を静止培養した．その結果，単独の細胞から不定胚が形成され，それは種子の胚からのものと同じように完全なニンジンの植物体へ発達した．その後，シンビジウムやアスパラガスでも同じことに成功している．振とう培養すると上下がつねにかわるので重力による極性が生じないが，静止培養するとそれが生じるので，接合子の分裂のときと同じように，細胞の不均等分裂と分化が起こるのである．

これらは，植物体のごく一部分を人為的に母体から取り出し，それを独立させることによって若返らせる例である．同じような現象は自然にも起こっている．

柑橘類にはしばしば多胚現象がみられる．柑橘類の種子をまくと，種類によって異なるが，一つの種子から複数の実生苗が現れる．よく知られているように，このなかの一つだけが接合子に由来する胚からのもので，他は珠心胚からの苗である．珠心壁の細胞つまり体細胞に由来し，無性的に形成された胚を珠心胚という．有性胚と無性胚のいずれの胚に由来する植物であっても，その生育初期には茎に刺があるなど，幼若相に特有の形態を示す．

珠心胚からの実生苗は母植物と同じ遺伝組成をもっていて，しかも一般に有性胚からのものより生育が旺盛であることから，しばしば実際栽培に利用される．Cameron ら (1952) がレモンやオレンジなどについて，珠心胚実生

の接ぎ木による樹と在来株の接ぎ木によるものとを接ぎ木後19〜22年目に調べたところでは，それまでの生長量と1年あたりの収穫量のいずれも珠心胚由来のもののほうがすぐれていた．珠心胚は普通の生殖過程を経過していないのであるが，有性胚と同様に完全に若返っているのである．

　こうしてみると，完全な若返りには，減数分裂，配偶子形成，接合などを含む普通の生殖過程は，必ずしも必須条件ではないと結論することができる．

　以上にみてきたように，植物体の一部が親植物から分離独立すると，古い部分と新しい部分との矛盾が消滅してその植物は若返る．そして，それと同時に新たな矛盾が生じる．独立の仕方が完全であれば矛盾の消滅も完全であり，したがって若返りも完全である．独立の仕方が完全であるかどうかにより，若返りの程度が異なる．普通の生殖過程は，一面では植物体の一部が完全なかたちで独立する過程でもあり，若返りも完全である．また，細胞培養による若返りも，生殖過程でのそれとほとんどかわらないと考えられる．それに対して，挿し木や株分けによる場合は，古い部分と新しい部分との矛盾の除去が不完全であるから，若返りも不完全である．たとえばユリのリン片挿しでは，不定芽は基部肥厚葉を形成しないではじめからリン片葉を形成することがある．

　植物体の一部が完全に切り離されるのではなく，その一部として存在しながら，母株から相対的に独立して部分的に独立することもある．たとえば開花中の株から枝をとって挿し木したウツギの株で，すでに開花しているものの基部から旺盛な生長を示すシュートが出ることがある．同じことは，ほかの多くの種類の樹木でもみられる．これらは，基部の潜伏芽が老化していないからである，ということだけでは説明できない．基部の芽の若返りも認めなければならないと思われる．

　キクその他の宿根草でも，一般的にみて，基部分枝には部分的な若返り現象がみられるようである．これらの場合，上節位の腋芽に比べて，基部のそれは主枝から受ける規制あるいは影響が少なく，相対的な独立性が強いからであるように考えられる．しかしながら，親植物体についたままでの一部の

芽の相対的な独立性の問題については，主枝から側芽への物質，特に生理活性物質の転流その他を詳細に調べたうえでなければ，結論をだすことはできない．

　（要約および文献は省略）

## III. 土壌・養水分管理

「水やり三年」という言葉があるように，温室での花の栽培では，潅水には高度の技術が必要であるとされている．たしかに，潅水のしかたは植物の育ちと，できあがった切り花や鉢花の品質に影響し，水管理は非常に重要な問題である．そうでありながら，花卉の水分問題についての専門的な研究は比較的に少なく，栽培者はその経験と勘にたよって潅水しているのが普通である．

また栄養管理つまり施肥についてみても，施肥の量や時期（タイミング）などは産地や生産者によってかなり大幅に違っていて，切り花ギクで調べられたところでは，窒素の施肥量は産地によって倍半分の違いがある．一方，研究の面でみると栄養生理学的な研究が多く，実際の栄養管理の研究は各地の事例集的なものがほとんどであり，理論と実際を兼ねそなえた研究はまことに少ない．生理学というのは，農家を相手に話をし煙に巻いて帰るのにはもってこいの学問である．しかしながら話のあとで，「では先生，どのように肥料をやればいいのですか．」と質問されると，「まあ，適当にやりなさい．」と言うか，「どこそこではこのようにやっています．」と答えなければならないことが多い．温室作物の養水分管理法として最近普及しつつある「養液土耕栽培」にしても，私はそれを推進する立場をとっているが，そのハード面（装置）はすぐれているものの，ソフト面（水と肥料の与え方）には問題があると思っている．どちらかといえば水も肥料も多すぎて垂れ流しぎみであり，肥料代がかさむだけでなく，まわりの水質を悪化させる恐れがある．温室や畑から流れ出る肥料分で量的にも多く，とくに問題となるのは硝酸である．硝酸は人体にとって危険な毒である．

土壌管理については一般作物での研究が多いのであるが，その成果が花卉の栽培にも役立つ．しかしながら，それらのほとんどは露地の土壌についてのものであり，温室土壌についての研究はあまりない．温室土壌は温帯の露地の土壌とは違った特性をもっていて，その物理性，化学性，生物性のいず

れもが劣悪化しやすいのが特徴である．1960年代の初めに，カーネーションの温室土壌に塩類が集積していてそれが生育障害の原因になっていること，集積している塩類のほとんどが施肥によるものであることが明らかにされ，カーネーションだけでなくその他の作物についても少肥栽培が推奨されるようになったあとは，温室土壌の管理についての研究はあまりすすんでいない．

　ここでは，温室の土壌管理問題の一つの例として，土壌病害対策としての土壌消毒と無病苗生産を中心としたカーネーションの技術革新について述べたうえで，私たちの研究をもとにして花卉の潅水および施肥について解説する．

## 1. 日本におけるカーネーション栽培の技術革新

　日本のカーネーション生産は，1960年代後半から技術的に革新された．直接のきっかけは，とくに立ち枯れ性の土壌病害対策であった．そのほかにウイルスによる病害もあったが，こちらの方はよほど重症でないかぎり売りものになる切り花がえられる．ところが，立ち枯れ性病害の場合は植物が枯れてしまうので，元も子もなくなってしまう．1960年代の中ごろには，その立ち枯れ性の土壌病害が多く発生した．ひどいときには，植えた株の3分の1以上までが枯れてしまうことがあった．

　温室土壌は熱帯の土壌に似ていて，温帯の露地の土壌に比べてその物理性や生物性が劣悪化しやすい性質をもっている．温室土壌はたえず潅水するので湿度が高く，また温度も高い．そのために微生物の活動が活発であって土壌中の有機物の分解がはやく，有機物が不足しやすい．ミクロン単位のこまかい土壌粒子が有機物のニカワ質でおたがいにくっつけられて物理性のよい，つまり膨軟で水もちと水はけおよび通気のよい団粒構造の土になるのであるから，有機物が少なくなると固くしまって物理性の悪い単粒構造の土になる．同時に微生物の栄養源が不足して，その種類と数が少なくなる．微生物の種類と数が少ない土壌は，新しく入ってくる微生物の定着を抑える力つまり土壌静菌作用が弱いので，栽培されている作物を栄養源とする微生物，

その作物に寄生する病原微生物だけが多くなり，土壌伝染性の病害が発生しやすくなる．すなわち，温室土壌はその生物性も悪くなりやすい．また，温室土壌は乾燥地の土壌に似ていて，その化学性も劣悪化しやすい．温室ではたえず潅水するとはいえ，必要なだけの水しか与えられない．露地の畑の場合は大雨が降ると塩類が流出するが，温室ではそれがない．いったん土の中にしみた水はすぐ上に上がってきて土壌表面から蒸発する．そのとき塩類が水と一緒にあがり，水だけが蒸発して塩類が土壌の表面近くにたまる．多すぎる塩類は植物に害をする．こういうわけで，温室土壌はもともと劣悪化しやすい性質をもっている．そのために同じ作物を連作していると，物理性はともかく，化学性と生物性の悪化による障害がでやすい．とくに生物性の悪化つまり土壌伝染性の病害が問題となる．

　カーネーションは，1950年代までは連作障害をさけるために，年ごとに土を入れ替えて栽培していた．ところが，1960年代に日本の工業化がすすんで労賃が高くなり，土の入れ替えをしなくなると，まもなく立ち枯れ性の土壌病害が発生するようになった．その病害対策は，茎頂（生長点）培養によって育成する無病苗の利用と土壌蒸気消毒であった．

　当時問題となったカーネーションの立ち枯れ性の病害は，主として萎凋病と萎凋細菌病であった．これらの病原菌は植物体の組織の中で増殖するために，外からみて健全そうな株であっても病原菌をもっていることがあり，そういう株から挿し穂をとって挿し木するとその苗も病気をもっていて，やがて発病する．ウイルスについても同じことがいえる．したがって，植える苗は外見的に無病であるだけでなく，体の中にも病原体のないものでなければならない．その無病苗をつくりだすのが組織培養，この場合は茎頂培養の技術である．日本における高等植物の組織培養の研究の始まりについてはまたあとで述べるが，日本の園芸関係ではじめて組織培養の研究をてがけたのは，香川大学農学部の狩野邦雄教授である．

　土壌伝染性の病害は，十分に気を使って栽培しているつもりでも，土壌が病原菌で汚染されておれば発生する．そして，一株でも発病すると病原菌が土に残り，土を耕すとそれが広がって大発生の原因となる．したがって土も

無病でなければならない．その無病の土をつくる方法の一つが土壌蒸気消毒である．

　こうして，病気のない苗を病気のない土に植え，あとで病気を入れないように清潔な栽培（たとえばベンチ栽培）をすれば病気は出ないだろうということで，無病苗の利用と土壌消毒をおこなうことによってカーネーションの技術革新がはじまった．それをはじめたのは香川県，ついで兵庫県の生産者たちであり，1967年には愛知，滋賀，長野，福岡その他の県の生産者や温室業者，種苗業者，肥料業者，花市場などを加えて，「カーネーション技術協会」が結成された．そのとき，技術の面で指導的な役割を果たしたのは，若くして亡くなられた狩野先生である．

　そのころ，私は狩野教授のもとで助教授をしていた．香川大学農学部は，その前身が香川県立農科大学（その前は県立木田農学校）であったためか，地域の農家とのつながりが強かった．私が茨城県園芸試験場から香川大学に赴任したのは1965年の2月である．その年の4月にさっそくお呼びがかかり，カーネーション生産者たちとともに県内の産地を見てまわった．最後に「感想は」とたずねられて，「私は県会議員選挙に立候補するつもりはないし，給料は県からではなくて国からもらっていて，その月給も安い．だから嫌われてもかまわないので，言いたいことを言わせていただく．」とことわったうえで，「こんなカーネーションをつくるぐらいなら，弁当をもって日雇いにいったほうがまだましです．」と答えたことを記憶している．当時のカーネーションの立ち枯れ病はひどかった．それだけではなく，生き残った株の生育もよくなかった．私のこの発言に触発されたのか，のちに日本花卉生産協会カーネーション部会の部会長になる真鍋行雄さんが，私たちが土壌消毒の研究用として文部省科学研究費で1965年に購入した蒸気ボイラーを翌年の6月に借りにきて，自分の温室で土壌消毒をしたのが日本におけるカーネーションの技術革新のはじまりである．その翌年にはカーネーション技術協会が発足した．その次の年に香川県の琴平で研究会があり，蒸気消毒のやりかたなどを狩野先生がスライドで説明されたのであるが，参加者のなかにはスライドを映せる者が一人もおらず，私がスライド係をしたことをおぼえてい

る．そのときの生産者たちの技術革新への意欲には目を見張るものがあった．私はその熱気にあおられて，この技術革新の運動に巻き込まれてしまった．それから30年以上たったいまも，カーネーション技術協会が発足した当時の生産者たちとの付き合いがつづいている．その生産者たちのほとんどに後継者がうまれ，いまはその子や孫と付き合うようになった．

　無病苗の育成と土壌蒸気消毒は外国からの輸入技術である．無病の苗を無病の土壌に植え，あとで病気を入れないように清潔な栽培をすることによって，土壌病害は基本的にはまもなく解決した．ただし，その技術が全体に広がるまでには10年以上の時間がかかったし，いまも土壌病害対策が重要な課題であることに変わりはない．

　このほかにカーネーション生産の技術革新で特筆すべきことは，切り花生産と苗生産の分離であり，もう一つは養水分管理の合理化である．これらについては，あとで述べる予定であるが，いま普通におこなわれている液肥による養水分管理の方法は，主として私の研究成果に基づいている．これらの研究と技術指導が評価されて，私は1997年1月に日本花卉生産協会カーネーション部会から感謝状をいただいた．その感謝状には，ただ抽象的に「多大の貢献を‥‥」というのではなく，「カーネーション栽培における土壌消毒法や無病苗の利用技術の普及・養水分管理の研究等，収量の増加と品質向上の為の技術を開発普及され，‥‥，これは歴史的に残る輝かしい実績となっております．」と書いてあり，私が貢献した内容が具体的にしかも正確に記してある．生産者たちは，私のやってきたことを，普及活動と研究活動とを区別しながら正しく評価していることを知り，私は感激した．無病苗の育成と土壌消毒は他国と他人の研究であり，私がおこなったのはその実証試験と普及活動である．それに対して，養水分管理は私自身による独自の研究である．

　私は国際協力事業団（JICA）に要請され，派遣専門家として1977年1月にアルゼンチンに行き，1年と6カ月間そこに滞在して園芸農家への技術指導をおこなった．それとともに，JICA直営の園芸試験場の設立計画（マスタープラン）を立案し，土地を選び，圃場整備と建物の建設にとりかかり，

それが完成する直前に帰国した．そのとき，派遣専門家としての私に課せられた第一番の課題は，当時アルゼンチンでひどく発生していたカーネーションの立ち枯れ性病害対策であった．日本でカーネーション技術協会が設立された前後から経験したことを，アルゼンチンでふたたび実施した結果，1年半の滞在期間中に問題は基本的に解決された．ただし，日本と同じ方法で解決されたわけではない．問題解決の方法は純粋に技術的な問題であっても，その技術は社会的な条件によって制約をうける．日本での解決策を社会条件の異なるほかの国にそのままあてはめても，本当の解決策にならないことが多い．要は病気のない苗を病気のない土に植え，あとで病気を入れないように清潔な栽培をすることである．そして，そのための適切な方法，その国にあった適正技術を現地の人たちと共同して開発することである．そういう意味で，国際技術協力の分野でよく使われる「技術移転」という言葉に私は違和感をもっている．「適正技術の共同開発」であると思う．

　アルゼンチンでは簡易ハウスをたてて地床でカーネーションを栽培しており，また土壌蒸気消毒に使えるボイラーは非常に高価であるために，それを採用するのは現実的でなかった．土壌消毒用の薬剤も，適当なものが手にはいらなかった．もし入手できたとしても値段が高かっただろう．アルゼンチンでは農産物は安いが，工場で生産されるもの，とくに輸入品は高い．そして，日本に比べてとくに安いのは土地である．園芸試験場用地として購入した牧草地は，1 ha がわずか 50 万円であった．首都ブエノスアイレスの中心部から 40 km 離れ，鉄道の駅から出る路線バスの終点から 300 m ぐらいのところで，しかも1ドルが 280 円のころの話である．園芸農家も，広々とした牧草地を手に入れて花や野菜を栽培している．私は土壌消毒のかわりに，圃場整備をして排水溝を掘り，圃場に水がたまらないようにしたうえで，ハウスを移動しながら計画的に土地を使うことをすすめた．いちどカーネーションを栽培した土地であっても，5 年間ぐらい雑草が茂るままに放置しておくか牧草を栽培しておれば，開園まえの牧草地とまったく変わらないことが調査の結果，わかったからである．温室のまわりの水を排水溝に流すのは，病気が発生した温室から病原菌が水とともに新しい未利用の土地に流れ込ま

ないようにするためである．当時は，ちゃんと圃場整備をした生産者はほとんどいなかった．それだけではない．新しい土地を手に入れると，多くの人が土地の高いほうからハウスを建ててゆくので，園全体がすぐ汚染されるようになっていた．

　アルゼンチンでは，当時すでに切り花生産と苗生産とが分離していて，切り花生産者は苗業者から苗を購入して栽培していた．ところが，立ち枯れ性病害の震源地はその苗業者であることがわかった．牧草地を開いたばかりの新しい土地にカーネーションを植えても，その年から病気が発生した．そこで，試験場が無病の苗をつくって生産者に配布する計画を立てたが，その苗が生産者たちの手にわたるまでには，試験場ができあがってからすくなくとも２年はかかる．それが待てないので，外国（オランダ）から親株を輸入することにした．また，カーネーションを栽培しているハウスのまわりは草が茂り，ハウスの中も外も病気で枯れた株が捨ててあり，不清潔そのものであった．生産者たちはその捨てた病気の株を踏んだ靴でハウスに入り，新しい土地に病原菌を移し植えていた．私は意識して立派なズボンと靴をはいて生産者の農園をまわり，「私の靴やズボンが汚れないようにしなさい．」と言って，清潔な栽培をするように指導した．こうして，病気のない苗と新しい土地の利用，それに清潔な栽培とによって，アルゼンチンのカーネーションは生き返った．

　そのほか，私は滞在中にアルゼンチン園芸のかかえる問題点を調査し研究して，診断書と処方箋を書き，園芸試験場が実施すべき試験・研究の課題とその他の業務について書き残してきた．そのご園芸試験場が活動するようになって，アルゼンチンの花卉園芸は飛躍的に発展した．

　私とアルゼンチン園芸との関係はその後もつづき，通算８回訪れて技術指導をおこない，23年が経過したいまもなお関係している．アルゼンチンは農業国でありながら，こと花卉園芸に関するかぎり，JICAの園試験場をのぞけば試験研究機関がなく，専門的な研究者や技術者が一人もいない．そのために園芸試験場の果たす役割がおおきく，それの創設にかかわり，その後も業務指導をしてきた私は，いまだにアルゼンチン園芸との関係を断ち切

れないでいる．いまは，アルゼンチンの国立研究機関に花卉部門を創設し，研究者を育成することに力をいれている．これら一連の国際技術協力が評価されて，1999年7月に外務大臣表彰を受けた．

なお，ある国の園芸の事情あるいは解決されなければならない課題は，時代とともに変化する．アルゼンチン園芸試験場には，その後，たくさんの専門家を推薦して派遣してもらったが，私の感想として，あるいは自慢話に聞こえるかも知れないが，ある国の園芸の実情を調べ，その課題と解決策つまり診断書と処方箋が書ける技術者は少ないように思う．処方箋にしたがって治療をすることであれば，それはほとんどの技術者にできる．しかしながら，自分で診断して処方箋を書くことのできる技術者はむしろ少数派である．

## 2．水管理

日本で無病苗の利用と土壌消毒がおこなわれるようになったあと，カーネーション生産者たちの要望もあって，カーネーションの生産性を高めるために私が取り組んだのは栽培管理とくに水管理の合理化の研究であり，つづいて栄養管理の合理化の研究に取り組んだ．この養水分管理の研究は，のちにキクやバラその他の種類にわくを広げた．

1960年代までのカーネーション栽培では，立ち枯れ性の病害の発生をおさえるということもあって，夏の間は潅水をできるだけひかえるのが普通であった．夏は枯れない程度に土を乾かして栽培し，秋がきて涼しくなると潅水量を多くするというのが，当時の一般的な潅水技術であった．立ち枯れ性の土壌病害対策の一つとしてとられたこの潅水法は，土壌消毒がおこなわれ，無病苗が利用されるようになってもなおつづけられていた．

よく知られているように，植物は水を多く消費しているときに生長もはやい．植物が乾物1gを生産するのに必要な水の量を要水量あるいは蒸散係数といい，200から1,000とされる．要水量は植物の種類や季節によって異なるが，同じ種類で同じ季節であればほぼ一定である．たとえば要水量が300のバラなら，1株が300gの水を1日で消費すれば1日で乾物1gが増え，2

日で300gの水を使えば2日で1gの乾物が増えることになる。根から吸収された水のほとんど（99.8％以上）は蒸散によって失われる。すなわち、根から入った水は植物の体の中を流れており、その流れがはやいときほど植物の生長ははやい。カーネーションの当時のこの灌水法は、当然のこととして植物の生長を抑制し、生産性を引き下げていた。そこで、まずカーネーションの水消費量と消費特性および灌水法について研究し、つづいてキク、バラ、その他の温室花卉およびマスクメロンについて、同じような研究をおこなった。ここでは、その研究成果をもとにして、温室花卉の水管理について述べる。

### （1）花卉の種類と水消費量

作物を栽培している圃場から失われる水には、土壌に深く浸透していくもの、土壌表面から蒸発で失われるもの、植物に吸収されるものなどがある。あとで述べるように、温室花卉の灌水点はほかの畑作物にくらべて低い（水ストレスを受けないように早めに灌水する）ので、地下水位の低い土地では浸透していく水があって、地床（ベッド）栽培のほうが揚げ床（ベンチ）栽培よりも灌水量が多くなる。したがって、地床栽培では浸透水も無視できない。また、揚げ床や鉢で栽培するときには、浸透水はないが床や鉢の側壁から蒸発で失われる水がある。しかしながら、浸透水や側壁からの蒸発の量は、土地の条件や床あるいは鉢の材質によって異なり、問題が複雑になるので、ここではそれらを省いて土面蒸発量（$sEp$）と植物による吸水量（$Wa$）を水消費量（$Wc$）とする。すなわち、$Wc = sEp + Wa$ とする。作物が小さい間は土面蒸発量の割合が大きいのであるが、作物がよく茂ると消費される水の多くは作物の吸収によるものになる。

植物に吸収された水の一部は光合成の原料となり、一部は植物体を構成する水となるが、大部分は蒸散によって空気中へ失われる。実用的には吸水量と蒸散量（$Tp$）とは等しい（$Wa ≒ Tp$）とみてよい。したがって、水消費量は土面蒸発量と蒸散量つまり蒸発散量（$E\text{-}Tp$）とみることができる。すなわち、$Wc ≒ sEp + Tp = E\text{-}Tp$ である。

蒸散量は植物の種類、その大きさや生育ステージ（若いか歳をとっている

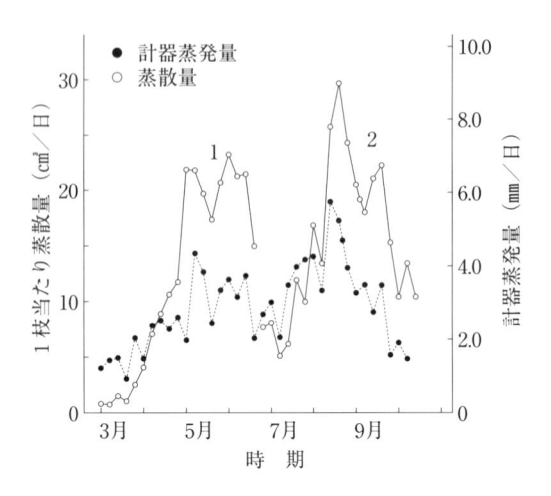

第13図 カーネーションの蒸散量の経時変化（小西国義，1980，カーネーション生産技術，養賢堂）1：2月9日摘芯，2：6月10日摘芯

か），季節や気象条件，土壌水分の多少などによって大きく影響される．ここではまず二，三の種類について，栽培時期や生育ステージと蒸散量あるいは蒸発散量との関係をみてみる．なお，いずれも温室，それも植物があまり繁茂していない条件での実験結果である．

① カーネーション

　カーネーションをほぼ1カ月ごとに挿し木し，植え付けたあとは底面給水をしながら，1回摘芯により，1年間半をとおして，12回にわたって栽培をくりかえした．そして，毎日の吸水量を調べ，10日ごとに葉面積を測定した．そのなかから，2月9日と6月10日に摘芯して栽培したときの1日1枝あたりの蒸散量と計器蒸発量を示すと第13図のようであり，1枝あたりの葉面積の増加状態は，偶数月の摘芯栽培だけについてみると第14図のようであった．

　蒸散量は植物の生長にともない，植物体の大きさつまり葉面積の増加とともに急速に増大していくのであるが，その増えかたは一様でなく，計器蒸発量の変化に一致して鋸の歯状に上下している．発蕾後は葉面積の増加がとまり，それと同時に蒸散量も増えなくなり，むしろ減少している．その減りか

たも,計器蒸発量の変化とよく一致している.計器蒸発量というのは,水を入れた直径20 cmの容器の水面からの蒸発量で,普通は時間あたりミリメートルであらわす.計器蒸発量はそのときどきの天候を反映しているから,蒸散量は植物体の大きさのほかに気象条件におおきく左右されることになる.光,温度,空気湿度,風速など,とにかく洗濯物がよく乾く条件のときに蒸

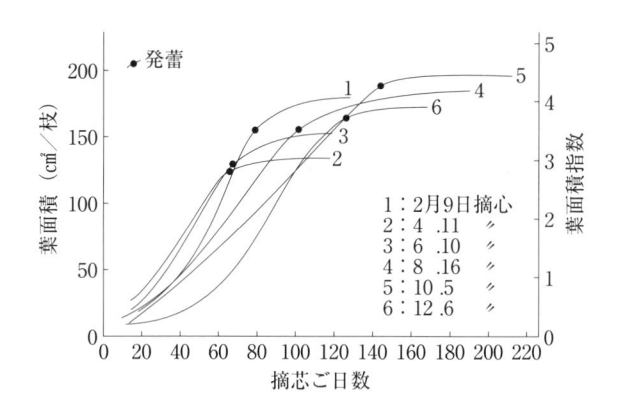

第14図　カーネーションの葉面積の経時変化（小西国義,1980,カーネーション生産技術,養賢堂）

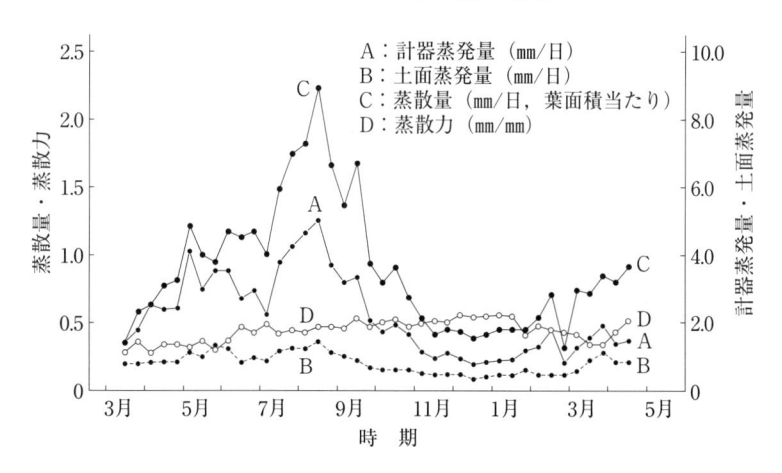

第15図　カーネーションの蒸散量,計器蒸発量,蒸散力および土面蒸発量の年変化（小西国義,1980,カーネーション生産技術,養賢堂）

散量も多いというわけである.

　そこで, 発蕾期前後の株について, 葉面積あたり1日の蒸散量を算出し, 各旬ごとに平均してその年変化をみると第15図のようであった. この図には同時に計器蒸発量と蒸散力 (葉面積あたり蒸散量／計器蒸発量), 土面蒸発量の年変化も示してある. 葉面積あたりの蒸散量は計器蒸発量の変動とよく一致して変化した. 年間をとおしての最高は8月中旬の 2.24 mm／日, 最低は2月下旬の 0.30 mm／日であった. ただし, これは実験をした年の2月下旬の天候が長くつづいてよくなかったためであり, 普通の年には 12～1月が最低となり, 立春をすぎると蒸散量も計器蒸発量も増加しはじめる. 12～1月の蒸散量は最高時の約 1/6, 夏の平均的なそれの 1/4 程度である. 夏と冬の計器蒸発量の差はこれよりも大きい. そのために蒸散力にも季節変化が生じ, 春には 0.3～0.35, 夏は 0.4～0.45, 秋～冬には 0.5 ぐらいになった.

　ここにあげた数値から圃場面積あたり1日の水消費量 (E-Tp, mm／日) を計算してみると, 次のようになる.

$$E\text{-}Tp = sEp + K \times pEp \times LAI \text{ (mm／日)}$$

ここで $K$ は蒸散力を, $LAI$ は葉面積指数をあらわす. 蒸散力というのは葉面積あたりの蒸散量を計器蒸発量 ($pEp$) で割った数値であり, 蒸散作用に対する気象要因と葉面積の影響を取り除いたものである. 植物が若いとき, すなわち総葉面積に占める若い葉の面積の割合が大きいときに蒸散力も大きく, 植物の生育がすすむと蒸散力は小さくなる. また, 同じ生育ステージであっても, 上に述べたように季節によって変化する. 葉面積指数は総葉面積を土地の面積で割ったものであり, 植物の茂りぐあいをあらわす. 簡単にいえば, 上からみて葉が何枚重なっているかを示す数値である.

　カーネーションの普通栽培, つまり6月植え 12 カ月型栽培の葉面積指数の変化をみた報告がないので, この式から水消費量を計算するのはむずかしい. 私がおこなったさきの実験では, 発蕾期の葉面積指数はベンチ面積に対して春は 3.0, 夏の高温長日期には 2.5, 秋には 3.0, 冬と早春には 3.5～4.0 であった. これは1回摘芯栽培によるものであり, 基部の葉が少なくほとんどが開花枝だけの葉面積である. そこで, 1回半摘芯栽培や採花中の株の

葉面積指数を4.0とし，土面蒸発量を第15図にしたがってカーネーションの水消費量を計算してみると，次のようになる．

春 5月　　sEp : 1.0 mm/日，　K : 0.35，　　pEp : 3.0 mm/日
　　　　　E-Tp = 1.0 mm/日 + 0.35 × 3.0 mm/日 × 4.0 = 5.2 mm/日
夏 8月　　sEp : 1.4 mm/日，　K : 0.40，　　pEp : 5.0 mm/日
　　　　　E-Tp　= 1.4 mm/日 + 0.40 × 5.0 mm/日 × 4.0 = 9.4 mm/日
秋 10月　 sEp : 0.6 mm/日，　K : 0.50，　　pEp : 1.6 mm/日
　　　　　E-Tp = 0.6 mm/日 + 0.50 × 1.6 mm/日 × 4.0 = 3.8 mm/日
冬 12月　 sEp : 0.3 mm/日，　K : 0.50，　　pEp : 0.6 mm/日
　　　　　E-Tp = 0.3 mm/日 + 0.50 × 0.6 mm/日 × 4.0 = 1.5 mm/日

深さ20cmのベンチの土壌は，あとで述べる適正潅水点（土壌水分張力が夏はpF 1.5〜2.0，冬はpF 2.0〜2.5）で潅水したとき，約10 mm（1 m² あたり10 l）の水を新たに保持する．そこで1回に10 mmの潅水をするとすれば，春には2日に1回，夏にはほとんど毎日，秋は3日に1回，冬は1週間に1回の潅水が必要になる．

Hanan（1972）はカーネーションの水消費量を調べ，それは季節によって変わり，0 mm/日から12 mm/日であったと報告している．私の測定でも，計器蒸発量の最大は6.5 mm/日になったことがあるから，葉面積指数が4.5にもなったカーネーションであれば，夏に水消費量が12 mm/日をこえることがあっても不思議ではない．こういうときには，1日1回10 mmの潅水でも水不足になる．ベンチが浅くて，適正潅水点で潅水して10 mmの水を保持しないときには，夏は毎日潅水しても潅水不足ということになる．

なお，第17図とさきの式から6月植え12カ月型栽培のカーネーションの1年間の水消費量を計算すると，次のようになる．実験をおこなった1969年3月1日からの1年間の温室内計器蒸発量は798.8 mmであった．そこで年間の計器蒸発量を800 mmとして考えてみる．同じく1年間の土面蒸発量は260.3 mmであった．蒸散力を0.4，葉面積指数を4.0とすれば，年間の総水消費量は

　　　$\Sigma$ E-Tp = 260 mm/年 + 0.4 × 800 mm/年 × 4.0 = 1,540 mm/年

となる．ベンチ $1 m^2$ あたりでは，1年間に $1,540 l$ の水が消費されことになり，同じ量の潅水が必要である．これは，一般に考えられている潅水量よりもかなり多いようにみえる．しかし，私があとで述べる坪（$3.3 m^2$）千本切り栽培に挑戦したとき，数年間にわたって実際に潅水量を記録したところでは，年間の潅水量は 1,500 mm から 1,550 mm の範囲内にあった．それからみると，上にあげた水消費量は，高い生産性をめざしたカーネーション栽培では，実際からあまりかけはなれた数字ではないと考えられる．

② キク

春に無暖房で栽培しているキクの1日1枝あたりの蒸散量は第16図のとおりで，事情はカーネーションの場合と同じである．すなわち，蒸散量は植物体の生長にともなって急速に増大してゆくが，発蕾後はまもなく葉面積が増加しなくなるので蒸散量もあまり増えない．株あたりの蒸散量はその株の大きさによって異なるのであるが，同時にそのときどきの天候を反映している計器蒸発量の大小とよく一致して上下している．蒸散量は植物体の大きさのほかに気象条件におおきく左右されるのである．

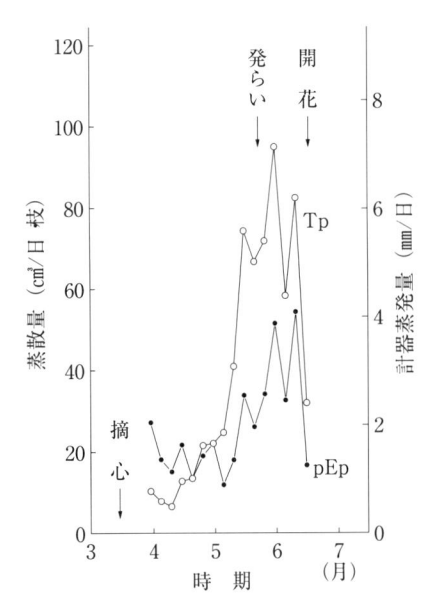

第16図　キクの1枝あたり蒸散量の経時変化（小西国義，1984，花卉園芸大事典，養賢堂）
Tp：蒸散量（$cm^3$ / 日・枝）
pEp：計器蒸発量（mm／日）

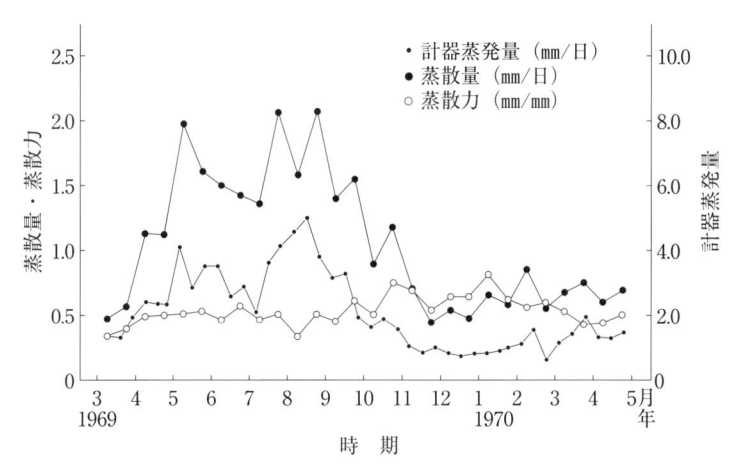

第17図　キクの葉面積あたり蒸散量，計器蒸発量および蒸散力の年変化（小西国義，1984，花卉園芸大事典，養賢堂）

　そこで，同じ一つの品種を年間をとおしていろいろな時期に栽培して，底面給水により毎日の吸水量を測定し，10〜25葉ぐらいのさかんに生長しているときの葉面積あたり1日の蒸散量を算出し，その年変化をみると第17図のようであった．図には計器蒸発量と蒸散力の年変化も示している．蒸散量は計器蒸発量の多い7月下旬〜8月に最高となり，しばしば2 mm/日をこえた．そして，9月になると急激に減少し，11〜12月に最低となった．そのときの蒸散量はおおよそ0.5 mm/日で，夏の1/4程度であった．蒸散力にも季節変化がみられ，春は0.4，夏は0.5，秋〜冬には0.7程度になった．

　第17図から季節ごとの数値を読み取り，それとさきにあげた水消費量の式から圃場面積あたりの水消費量を計算してみると次のようになる．この場合も植物の茂りぐあいと天候が問題となる．

　8月にすでに発蕾しているキクの葉面積が1枝あたりで1,000 cm$^2$，圃場100 m$^2$ あたりの枝数が5,000本とすれば葉面積は500 m$^2$ で土地面積の5倍，つまり葉面積指数は5.0ということになる．このときの計器蒸発量が5.0 mm/日とすれば，夏のキクの蒸散力は0.5であり，土面蒸発量は1.4 mm/日であるから，水消費量（E-Tp，mm/日）は

$$\text{E-Tp} = 1.4\,\text{mm}/\text{日} + 0.5 \times 5.0\,\text{mm}/\text{日} \times 5.0 = 13.9\,\text{mm}/\text{日}$$

となる．植物がよく茂り水が豊富に与えられているときのキク畑の水消費量は，夏の晴天の日には約14 mm ということになる．ただしこの数値は，植物が要求するだけの水を豊富に与え，そのうえ回りにあまり植物が生育していない場所で実験してえられたものであり，実際にキクが栽培されている畑でよりも大きくなっているだろう．ただし，開花まえのキクの葉面積指数は7.0 をこえることもあるので，植物が吸収するだけの水を吸わせて育てておれば，水消費量はこれよりもさらに大きくなることがあると思われる．

冬に 10 ℃ 程度に暖房している温室では，計器蒸発量は 0.6 mm/日，土面蒸発量は 0.3 mm/日ぐらいである．キクの冬の蒸散力は 0.7 であるから，

$$\text{E-Tp} = 0.3\,\text{mm}/\text{日} + 0.7 \times 0.6\,\text{mm}/\text{日} \times 5.0 = 2.4\,\text{mm}/\text{日}$$

となり，温室で栽培している葉面積指数が 5.0 のキクは 1 日に 2.4 mm の水を消費することになる．

3月になると計器蒸発量は 1.5 mm/日ぐらいになり，土面蒸発量を 0.7 mm/日，蒸散力を 0.5 とすると，水消費量は

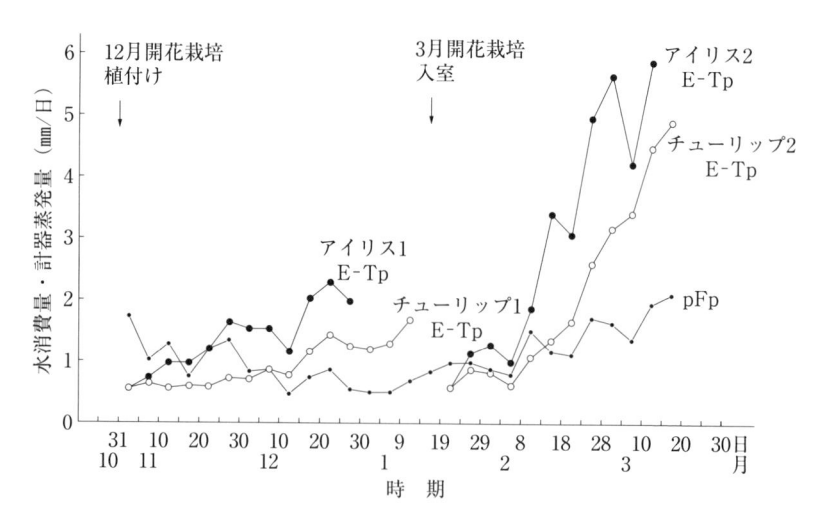

第18図 チューリップおよびダッチアイリスの水消費量（E-Tp）と計器蒸発量（pEp）（小西国義，1984，花卉園芸大事典，養賢堂）

$\text{E-Tp} = 0.7\,\text{mm}/日 + 0.5 \times 1.5\,\text{mm}/日 \times 5.0 = 4.45\,\text{mm}/日$

となる.

地床栽培で1回に15mmずつ潅水するとすれば,夏には1日1回,冬には6日に1回,春は3日に1回の潅水が必要である.

③ 促成チューリップとダッチアイリス

　促成栽培のチューリップとダッチアイリスでは,概してダッチアイリスのほうがより多くの水を消費する(第18図). 12月開花栽培の場合には,生育にともなう水消費量の増加が少ない. これは,計器蒸発量が少なくなってゆく時期の栽培だからである. 水消費量は最も多いときでもダッチアイリスが 2.2 mm/日,チューリップで 1.5 mm/日程度であり,普通は花茎が伸びる時期でもダッチアイリスで 1.5〜2.0 mm/日,チューリップで 1.0〜1.2 mm/日と考えてよかろう. 1回に 10 mm の潅水をするのであればダッチアイリスは6日に1回,チューリップは8日に1回程度の潅水になる.

　3月開花栽培の場合は,温度が上昇し光が強くなってゆく季節であり,生育にともなって水消費量が急激に増加する. そして,開花まえの3月上〜中旬にはダッチアイリスで 5.5 mm/日,チューリップで 4.5 mm/日の水を消費する. 花茎が伸長するころには,いずれも2日に1回の潅水が必要であり,水不足にならないように注意しなければならない.

　なお,これらの球根類の場合,花茎が伸びるとそれまでは重なっていた葉が離れるためであろうか,花茎伸長期に水消費量が急激に増加する. たとえばチューリップの促成栽培では,蒸発散力(E-Tp/pEp)は伸長前の1.7に対して伸長後は2.5を越え,ダッチアイリスでは2.0から3.0へ増加した. この時期に水消費量が急激に増えるので,水不足にならないように注意することが大切である.

(2) 蒸散量の日変化

　キクについて,一年のうちで蒸散量が最も多い8月上旬の晴天日に蒸散量を1時間ごとに測定し,1日の蒸散量の総量 283.3 cm³ に対する各時間のそれをパーセントで示すと第19図のようであった. この図には,同じく総日射量に対する時間ごとの日射量の割合および気温の変化が示してある. それ

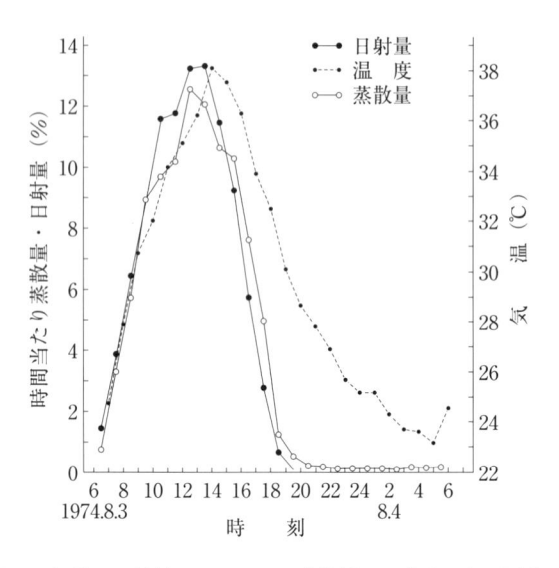

第19図　気温，日射量およびキクの蒸散量の日変化（小西国義，1980，カーネーション生産技術，養賢堂）日射量と蒸散量は1日の総量を100とし，1時間あたりパーセントで示す．

によると，時間あたり蒸散量つまり蒸散速度は温度よりもむしろ日射量の変動によく一致して変化している．すなわち，朝は日射がつよくなるとともに蒸散速度が高くなっておおよそ12～13時に最高となり，日射量の低下にともないそれよりいくらか遅れて低下した．この日の日射量は12～14時の2時間で1日のそれの26.6％になったが，同じ時間内の蒸散量は24.7％であった．一方，夜の蒸散量はきわめて少なく，夕方6時から朝6時までの12時間に1日のわずか3.3％，日射がなくなったあとの夜8時からの10時間では1.5％にしかならなかった．もちろん夜間にも，植物は昼間の体内水分の不足をおぎなうためにいくらかは吸水するので，吸水量は蒸散量よりも多くなるだろう．とはいえ，夜間の蒸散量は昼間のそれに比べるときわめて少なく，風のない夜ではほとんどゼロに近いと考えてよかろう．

　なお，これと同じような調査をマスクメロンとカーネーションでもおこなったが，結果はキクの場合とまったく同じであった．

## （3）土壌水分レベルと蒸散量

蒸散量の日変化をみた第19図は，何回かくりかえした実験のなかの一つの結果である．はじめにおこなった実験では，午前中の蒸散量がなめらかな折れ線になって増加しないで，まえの1時間よりも光はつよくなっているのに，蒸散量はまえと同じかわずかに多いことがあった．その実験では，鉢土がかなり乾いてから灌水するようにしていたが，よく調べてみると，蒸散量があまり増えていなかったのは灌水したあとの1時間であった．すなわち，土壌水分が多すぎると蒸散量が減るのだろうと考えられた．そこで，測定のたびに減った水の量だけを補給しながら調べた結果が第19図である．こういうことから，土壌水分レベルと蒸散速度との関係を調べてみることにした．

プラスチック鉢で同じ管理をしながら育ててきたキクについて，最終の灌水から測定をはじめるまでの時間を違えることによって測定開始時の土壌水分レベルを変え，その時点から1時間の蒸発散量（土面蒸発量＋蒸散量）を調べた．同時に葉面積とその間の計器蒸発量を測定した．その結果を，葉面積あたり蒸発散量を計器蒸発量で割った蒸発散力で示すと第20図のようで

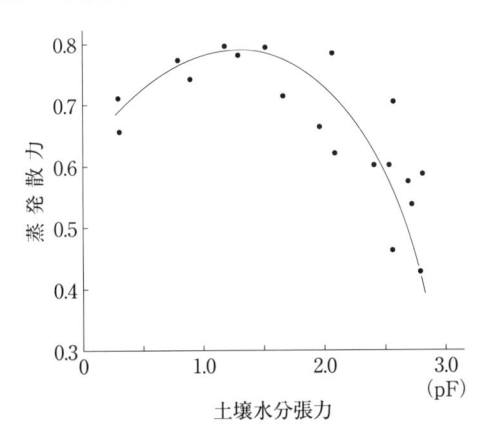

第20図　土壌水分張力とキクの蒸発散量（小西国義，1984，花卉園芸大事典，養賢堂）
　　　　　蒸発散量は蒸発散力（葉面積あたり蒸発散量/計器蒸発量）で示す．

あった．蒸発散力は土壌水分張力が pF 1.2～1.4 のときに最高となり，土壌水分がそれより多くても少なくても蒸発散力は小さくなった．

ここで蒸散量としないで蒸発散量としたのは，重量測定法によったために，異なる土壌水分レベルでの土面蒸発量を差し引くのがむずかしいからである．ただし，小さいプラスチック鉢で栽培しての結果であるから土面蒸発量の割合は小さく，蒸発散量の大部分は蒸散量であるとみてよかろう．また，蒸発散力で表したのは，葉面積の違いと気象条件の影響を取り除くためである．

土壌水分が少ないときに蒸散量が減少するのは当然のことであるが，水分が多すぎるときにも蒸散量が少なくなるのは，土壌の通気不足のために根の呼吸がおさえられ，その生理活性が低くなるからだと思われる．鉢やベンチで植物を栽培する場合，根は潅水直後は酸素ストレスを受け，しばらくすると水も酸素も適量となり，さらに時間がたつとこんどは水ストレスを受けることになる．適湿で潅水すればよいように思われるが，それでは酸素不足の時間が長くなるので，それよりも乾いてから水を与えることになる．したがって土耕栽培であるかぎり，酸素不足と水不足，この二つのストレスは避けられない．潅水の上手下手は，この二つのストレスの時間をどれだけ短くするかにかかっている．

ところで，花卉とくに鉢物の潅水時刻については，朝がよいとするものや夕方がいいとするものなど意見が分かれている．ことに趣味家の間ではそうである．それに対する答えは，前に示した第19図と20図にでている．すなわち，過剰の土壌水分のもとでは根の生理活性が低くなることと夜間の蒸散がきわめて少ないことから考えると，朝の潅水がよいことになる．午後遅く水を与えると，その水は植物にほとんど利用されないで，過剰のまま朝まで長時間にわたって土壌に残る．実は，ベッド栽培の場合よりもベンチや鉢栽培のほうが，底部に停滞する水が多い．ベッドでは余分な水は地下深く浸透してゆくが，ベンチや鉢では，その底部に厚さ何センチかの停滞する水の層つまり滞水層ができる．鉢やベンチ栽培で午後遅く潅水すると，土壌は長時間にわたって過湿になり，根は1日の半分以上も酸素ストレスを受けること

になる.そのために,ひどいときには根腐れをおこすことがある.それに対して,午前中に与えられた水はすぐに吸収されて根が酸素ストレスを受ける時間が短く,土は適当に乾いて夜を迎えることになる.植物は夜に生長する.その夜にいくらか水不足ぎみになるので,植物は過繁茂にならず,よくしまった品質のよい切り花や鉢花になるだろう.それはベッド栽培にもあてはまることである.

(4) 適正潅水点と潅水量

生きものには,それが生きてゆくうえで最適の環境条件というものがある.それは生きものの特徴の一つである.生きていないものには,それが存在するための最適条件があるわけではない.水が液体の水であるためには,1気圧のもとでは0℃から100℃までであればよく,べつに適温があるわけではない.ビールもそうである.ただし水もビールも,生きものである人が飲むときには適温が問題になる.そういうわけで,植物には生育のための最適温度があり,同様に最適土壌水分レベルがある.さきの第20図でみると,キクの日中の最適土壌水分レベルは蒸散速度が最高となる pF 1.2～1.4 だと考えられる.なぜなら,蒸散速度と光合成速度との間には高い一次の相関があり,両者の間には直線関係が成り立つからである.

なお土壌中の水分状態の表し方には,容積比や水分張力あるいは飽和容水量に対する比率など,いろいろな方法がある.私はそれらをひっくるめて「水分レベル」という言い方をしている.土壌中に水分が多いとき,「土壌水分レベルが高い」という.

花卉の最適土壌水分レベルは生長の速さからだけでなく,切り花や鉢花の品質の面からも判断されなければならない.しかし,いずれにしても,その最適水分レベルを常に維持することはきわめてむずかしい.土壌の水分状態は土面蒸発や植物による吸収などのために常に動いており,その動きの速さはたえず変動している.晴天の日の昼間は動きがはげしく,夜間や雨天,曇天の日にはそれがゆっくりしている.その動きにあわせて水を与えれば,土壌水分レベルをある程度までは一定にたもつことができるだろう.しかし,たえず変動するその動きを的確にとらえるのはむずかしい.最適土壌水分レ

ベルを知ってもそれが維持できないのであれば，われわれにできるのは，土壌がどの程度まで乾いたときにどれほどの灌水をすればよいのかを知ること，すなわち適正な灌水点と灌水量を知ることであろう．そこで，いくつかの種類の温室花卉について，その適正灌水点を調べた．

なお，土がよく乾いてから灌水するときを灌水点が高いと表言する．

① カーネーション

カーネーションについて，6月上旬に摘芯し，灌水点を初めから終わりまで pF 1.5, 2.0, 2.5 および 2.8 とする区，発蕾まで pF 1.5 としてその後は pF 2.8 とする区，およびその逆の区をもうけて栽培したところ，植物体の初期生育や発蕾および開花までの日数，あるいは切り花の長さなどからみて，pF 1.5〜2.0 で灌水するのがよかった（第8表）．高灌水点区は生長が遅く，開花が非常に遅れた．切り花の重さは高灌水点区でも劣らなかったが，それは開花が遅れ，栽培期間が長くなったからであろう．はじめは pF 1.5 で灌水し，発蕾したあとで灌水点を pF 2.8 とした場合には，最後まで pF 1.5 で灌水したものに比べて切り花の長さや重さはいくらか劣ったが，開花は遅れなかった．逆に，はじめは高灌水点（pF 2.8）とし発蕾したあとで低灌水点（pF 1.5）にしても，開花は早くならなかった．これからみると，とくに生育初期の灌水点が強く影響し，発蕾したあとでは灌水点はあまり影響しないといえる．

夏の実験では pF 1.5〜2.0 で灌水するのがよく，それより土が乾いてから灌水すると開花が非常に遅れたが，同じような実験を10月25日に摘芯して

第8表 灌水点がカーネーションの生育と切り花品質に及ぼす影響（小西国義，1987，農業および園芸，62巻12号）品種ラリーブ，6月4日摘芯，1回に10 mmずつ灌水

| 灌水点 | 摘芯50日後の茎長 (cm) | 発蕾までの日数 | 50%開花までの日数 | 切り花の長さ (cm) | 切り花の重さ (g) |
|---|---|---|---|---|---|
| pF 1.5 | 21.6 | 74.0 | 98 | 68.7 | 26.0 |
| 2.0 | 21.4 | 71.2 | 96 | 65.8 | 24.0 |
| 2.5 | 17.6 | 79.8 | 106 | 65.1 | 25.8 |
| 2.8 | 14.6 | 87.0 | 116 | 62.2 | 26.3 |
| 1.5 発蕾 2.8 | 21.3 | 73.0 | 99 | 64.5 | 24.3 |
| 2.8 発蕾 1.5 | 15.6 | 91.7 | 120 | 65.2 | 24.9 |

第9表 栽培時期を異にするカーネーションの灌水点と生長および開花
(小西国義, 1987, 農業および園芸, 62巻12号)

| 灌水点 | 6月4日摘芯 | | 10月25日摘芯 | |
|---|---|---|---|---|
| | 50日後の茎長 (cm) | 50%開花までの日数 | 100日後の茎長 (cm) | 50%開花までの日数 |
| pF 1.5 | 21.6 | 98 | 23.9 | 179 |
| 2.0 | 21.4 | 96 | 21.3 | 182 |
| 2.5 | 17.6 | 106 | 21.7 | 181 |
| 2.8 | 14.6 | 116 | 19.7 | 182 |

冬におこなった場合には,灌水点の影響はほとんどみられなかった(第9表).灌水点pF 2.8区の茎長がわずかに劣ったことから,冬の適正灌水点はpF 2.5以下と考えられる.

夏と冬とで適正灌水点がいくらか違うのは,土壌水分レベルは同じであっても,植物体内とくに葉の水分状態が地上部の環境条件によって異なるからである.蒸散というのは,植物が自発的に水分を体外に吐き出すのではなく,外からの力によって強制的に水が奪われる現象である.光や温度,空気湿度あるいは風など,水を奪う力が強い条件のときには,土壌は適湿であっても植物体内は水不足になることがある.そして体内水分が不足すると,植物はなによりもさきに生長速度がにぶくなる.というわけで,夏の高温と高照度のもとでは,わずかな土壌水分不足の影響が植物の生長速度の低下になって現れる.冬にはその影響が少ない.そのために,夏の適正灌水点は冬よりも低くなるのである.

② キ ク

キクの品種'精雲'を用いて適正な灌水点と灌水量について調べた.この品種は夏秋ギク型品種といわれ,質的な短日植物でありながら限界日長が非常に長い.深夜電照をすれば花芽分化が抑制され,電照をやめると日本の夏至のころの日長でも花芽を分化して開花する.長日の季節でも開花に短日処理がいらないので,水や栄養の実験をするのに都合のよい品種である.普通の秋ギク型の品種は長日季には開花のために短日処理が必要であり,短日処理をすればその前後で光や夜温などの栽培条件が大きく変わる.とくに受光時

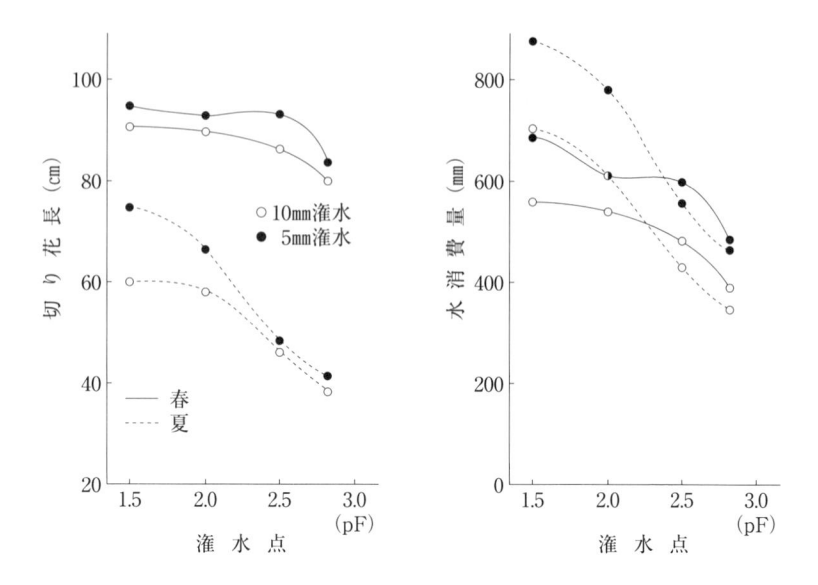

第21図　キクを春と夏に潅水点および1回の潅水量を変えて栽培したときの切り花の長さ（左）とベンチ面積あたり水消費量（右）（小西，1984，花卉園芸大事典，養賢堂）

間が変わると，それは水消費量に強く影響する．夏秋ギク型の品種は，長日季でもよわい光による電照をやめるだけで開花するので，実験期間をとおして日長をのぞく栽培条件が変わらない．そういうわけで，私はキクの養水分問題を扱った実験では，短日の季節には秋ギク型の品種を，長日季には夏秋ギク型品種を使うことにしてきた．

　春3月上旬からと夏6月下旬からのベンチ栽培で，摘芯後の潅水点を土壌水分張力でpF 1.5，2.0，2.5および2.8とし，1回の潅水量を5 mmおよび10 mmとした．その結果を切り花の長さでみると，第21図のように，水消費量の比較的に少ない春には潅水点の影響は小さかったが，夏の実験ではその影響がつよく現れた．水消費量の少ない時期には，潅水点がpF 2.5以下では生長にほとんど差がなかった．夏の栽培では，潅水点がpF 2.0でも切り花が短くなり，pF 1.5で潅水するのがよかった．

1回あたりの潅水量についてみると，春にはその影響は小さかったが，夏には低潅水点であっても5mm潅水は適当ではなかった．結局，水ストレスを受けやすい季節には，少量ずつの水を頻繁に与えるのではなく，土が適当に乾いたときに十分に潅水するのがよいといえる．

③ バ　ラ

バラの場合はカーネーションやキクと少し違っていた．四季をつうじてpF1.5で潅水するのがよく，12月下旬から5月までの2回採花の実験でも，その間の生体重増加量はpF1.5で潅水したほうが，pF2.0で潅水するよりも大きかった．この実験結果はカーネーションやキクでの結果からみて納得しにくいところがあったので，年を違えて実験をくりかえしたが，いずれの場合も結果は同じであった．バラが冬もpF1.5で潅水するのがよいのは，冬の栽培温度が高いことによるのであろう．カーネーションとキクは夜温10℃ぐらいで栽培したが，バラは一般栽培と同じように夜を15℃以上に暖房して実験した．

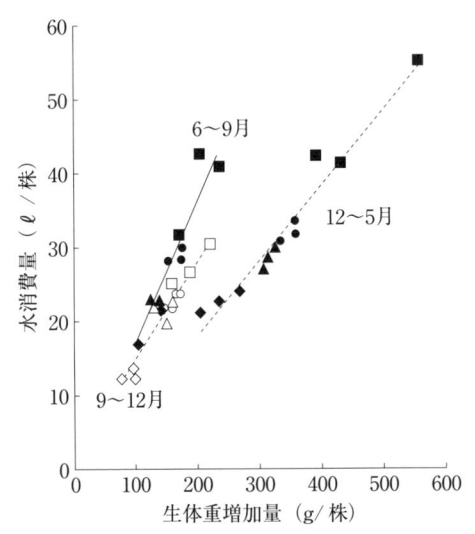

第22図　栽培時期と潅水点を異にするバラの生体重増加量とその間の水消費量（寺田幹彦ほか，1997，園芸学会雑誌，66巻3・4号）
□■：pF1.5，○●：pF2.0，△▲：pF2.5，◇◆：pF2.8

なお，実験期間中の生体重の増加量とその間の水消費量（潅水量）との間には，潅水点に関係なく，高い一次の相関（直線関係）が認められた（第22図）．すなわち，同じ栽培時期の実験であれば，単位生体重増加量あたりの水消費量は一定であり，水をたくさん消費したときに生体重増加量も大きかった．そして，同じ重量増加に必要な水の消費量は夏の栽培で最も多く，冬〜春に少なかった．

④ 促成チューリップその他

促成チューリップは冬の栽培でありながら，潅水点が pF 2.0 と pF 2.5 との間で切り花重に大きな差がみられ，pF 2.0 以下で潅水するのがよかった（第23図）．促成ダッチアイリスは pF 1.5 で潅水すると葉がいくらか大ぶりに育り，pF 2.0 で潅水するのがよく，フリージアもそうであった．

以上みてきたのはいずれもベンチ栽培で，土壌が地下水とは関係ないときの実験結果である．その場合，温室花卉の多くは土壌水分レベルが夏は pF 1.5〜2.0，冬は pF 2.0〜2.5 で潅水するのがよい．その点では，畑地潅漑の潅

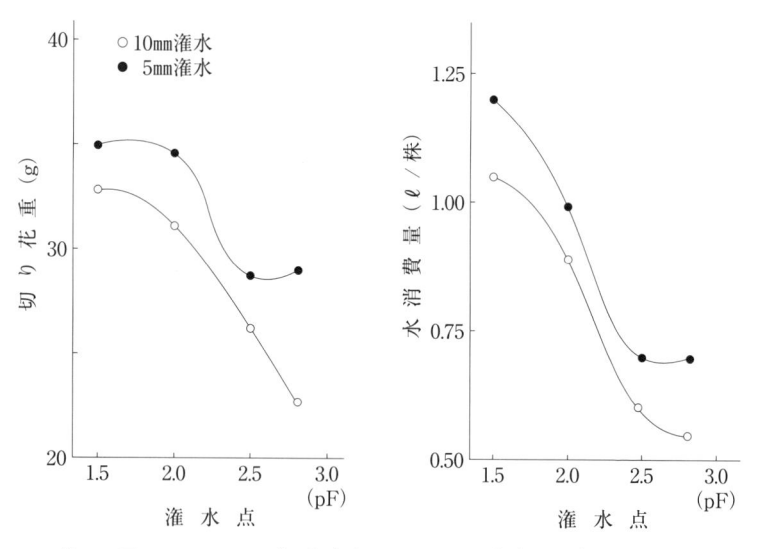

第23図 チューリップを潅水点と1回あたり潅水量を変えて促成栽培したときの切り花の重さ（左）と株あたり水消費量（右）（小西国義，1984，花卉園芸大事典，養賢堂）

水点が pF 2.5〜2.7 だとされているのとは違う．畑地灌漑の場合は土が乾燥しすぎて生産性が下がるのを防ぐために水を与えるのに対して，温室では最高の生産性をあげるように灌水するからであろう．1回あたりの灌水量についてみると，少量ずつを頻繁に与えるのではなく，上にあげた灌水点で十分な量の水を与えるのがよい．

なお，ここにあげた種類のどれもが，土壌水分張力が pF 1.5 から pF 2.8 の間で灌水したとき，花もちに対する灌水点の影響はなかった．灌水と花もちとの関係が問題にされ，多灌水が花もちを悪くするといわれることがあるが，それは根の活性が低くなるほど過湿状態で栽培したときのことであろう．土壌の通気性がよく，根が生き生きとしていて水を多く消費するような栽培管理をしておれば，灌水点は花もちには影響しないようである．

## 3．栄養管理

1970年代までのカーネーションの施肥方法は，植え付け前に基肥として油粕や魚粉あるいは骨粉といったような有機の肥料を大量に与え，その後も有機質主体の肥料を大量ずつ回数少なく土壌の表面にばらまく方式，いわゆる置き肥（おきごえ）方式で追肥をしていた．この方式の追肥をしたあとの温室に入ると，ときには窒素を多く含む有機物が分解して出るアンモニアガスの匂いを感じることもあった．私は，これでは一度に与える肥料が多すぎるのではなかろうかと疑問をもった．さきに適正灌水点にふれたところで述べたように，生き物にはそれが生きてゆくうえで最適の環境条件というものがある．当然のこととして，土壌中の栄養素にも最適濃度と適正な濃度範囲があるはずである．大量の基肥や一度に多量の追肥を与えると，その直後には土壌中の栄養素濃度がその適正範囲をこえているのではないか，また追肥から次の追肥までの期間が長いので，追肥まえにはすでに適正な濃度範囲を下回っていて，肥料ぎれを起こしているかも知れないと考えた．

そこで，カーネーションの栽培改善を目的として，水問題にひきつづいて栄養問題の研究に取り組んだ．この場合も，扱う種類をカーネーションからキク，バラその他に広げた．得られた研究成果について，具体的な図表をそ

えての説明はあとで観賞菊やカーネーションの栽培基準を提案するときにおこなうことにして、ここではまず結論だけを述べる．

### (1) 肥料で植物を育てようと考えるのは間違っている

まず水耕栽培によって，培養液に窒素をひんぱんに補給しながら培養液中の窒素濃度をできるだけ一定に保つようにし，窒素濃度とキクやカーネーションの一定期間内の生長量つまり生長速度との関係を調べた．その結果は，培養液の窒素濃度が $0+\alpha$ ppm から 300 ppm までの範囲内では，濃度は生長速度にも窒素吸収速度にも影響しなかった（第26，27図および第36，37図参照）．$0+\alpha$ ppm 区というのは，はじめは窒素を入れないでおき，それに 100 ppm の区で吸収された量（$\alpha$）を追加したときのことである．すなわち，水耕栽培では窒素濃度に上限はあるが下限はないことになる．リンやカリウム，カルシウムについても下限濃度はみられない．事実，富栄養化が問題になっている岡山県児島湖の水（夏は窒素濃度が 3 ppm ぐらいになる）でレタスを栽培しても，けっこうよく育つ．一方，上限濃度については，肥料の高濃度障害としてよく知られている．

これと同じような実験を窒素について土耕栽培でおこなったが，この場合には，上限とともに下限の濃度があった（第28図および第35図参照）．水耕とちがって下限濃度があるのは，土壌全体を分析すれば窒素がわずかにあっても，肥料をよく吸収している根のまわりにはそれがないということがあるのであろうと考えられた．水耕栽培でも，ごく低い濃度のときには培養液を動かさないと植物の生長は悪くなること，逆に培養液を動かすと窒素の上限濃度が低くなることを観察している．熱いお風呂に入ったとき，じっとしていると耐えられるのに，体を動かすと熱さに耐えられないのと同じ理屈である．とにかく，土耕栽培では土壌中の窒素に上限濃度と下限濃度がある．それはほかの栄養素についてもいえることである．

そういうわけで，土壌中の栄養素には植物にとって適正な濃度範囲があり，濃度をその範囲内に維持しておけば，植物は自分の生長量に見合っただけの量の栄養分を吸収して生長する．栄養素の濃度が適正範囲内であれば，植物の生長量にも栄養吸収量にも差はみられない．したがって，「植物は栄

養を吸収するから生長するのか，生長するから吸収するのか」と問われれば，「生長するから吸収し，吸収して生長する」と答えることができる．植物を育てるのは光，水，二酸化炭素であり，肥料ではない．もちろん「吸収して生長する」のであるから，培地中に肥料分はなくてはならないし，その濃度は適正範囲内でなければならない．すなわち，植物を旺盛に生長させようとすれば，土壌中の栄養素濃度を適正な範囲内に維持しておけばいいのであって，肥料で植物を育てようと考えるのは間違っている．

　植物の生長速度を施肥によって調節することは非常にむずかしい．ただ一つできるのは，窒素を不足させて生長を抑えることだけである．土壌あるいは培養液中に肥料が多すぎると高濃度障害が現れ，窒素以外の栄養素が不足すると葉が壊死するなどの欠乏症状が現れる．栄養分が吸収されて土壌（培養液）中の栄養素濃度が低くなっていっても，欠乏症状が現れるまでは同じ速度で生長し，ある限界点（培養液の場合はゼロ）になると，とたんに障害が発生する．したがって，窒素をのぞくほかの栄養素では植物の生長速度を調節することは不可能である．

　窒素だけは，それが不足すると，葉の緑色が薄くなるなどの欠乏症状が現れるよりもさきに生長速度がにぶくなる．窒素欠乏の初期症状は生長速度の低下である．したがって，窒素を欠乏させることで生長を抑えることができる．キクやバラなどの水耕栽培で，切り花として葉や茎が茂りすぎるのを防ごうとすれば，たとえば1週間のうち3日間だけ窒素を吸収させてあとの4日間は窒素がゼロになる管理，3日間で吸収されてしまう量を1週間ごとに与えるような管理をすればよい．培養液の中に窒素があるかぎり，濃度に関係なく同じ速度で吸収し同じ速度で生長するので，濃度によっては過剰繁茂は防げない．土耕栽培の場合も，基本的には同じことであろう．土壌中の栄養素濃度で植物の生長速度を調節するのはきわめてむずかしい．実際の栽培では，土壌栄養素濃度を適正範囲に維持しながら，施肥以外の管理とくに水管理によって生長を調節することになる．

### （2）土壌中の栄養素濃度を適正範囲に維持する方法

　土壌中の栄養素濃度の適正範囲はかなり広い．私たちが窒素についてキク

で調べたところでは，土 1 m³ あたり 12.5 g から 100 g の間の窒素濃度では，キクの生長速度に実質的な差はなかった．ただし，最適濃度は 25～50 g であり，適正濃度範囲は 15～80 g ぐらいであろうと思われた（第 28 図参照）．土 1 m³ あたり 15～80 g を耕土の深さ 20 cm として 10 a に換算すると，それは 3～16 kg に相当する．また，生土容積（1 : 2）抽出法で土壌中の硝酸態窒素濃度とカーネーションの生長との関係をみたところ，最適濃度は 100～150 ppm であったが，50～250 ppm の範囲では生長量に大きな差はみられなかった（第 35 図参照）．そういうわけであるから，適正な土壌中栄養素濃度の範囲は非常に広いということができる．

　適正な土壌中の栄養素濃度の範囲は広いので，それを維持しつづけるのはむずかしいことではない．それには，「明日吸収される量を今日与える」ような，あるいは「昨日吸収された量を今日与える」ような施肥をすればよい．私は前者を短期未来形の施肥，後者を短期現在完了形の施肥とよんでいる．それからいえば，「今日吸収される量を今日与える」のは現在形の施肥である．従来は長期未来形の施肥，すなわち大量の基肥を与え，大量の追肥を回数少なく与える長期未来形の施肥をしてきた．私は，その施肥体系には適正な土壌中栄養素濃度を維持するうえで無理があり，短期現在完了形か現在形の施肥であるべきだと考えている．いずれにしても，植物が吸収した量あるいは吸収する量をひんぱんに補給してゆくような施肥をすれば，土壌中の栄養素濃度を適正範囲に保つことができる．

　ところで，植物が生長してゆく姿を図にして示すと，それは好適な環境条件がつづいているときにはきれいな S 字の曲線に，生育の途中で条件が変わると変形した S 字曲線になる（第 14 図参照）．これを生長曲線といっている．植物は「生長するから栄養を吸収する」のであるから，栄養素の吸収曲線も S 字になる．その吸収曲線，とくに窒素の吸収曲線は，縦軸を乾物重にしたときの生長曲線とよく似ている．植物が正常に生長しているときには，単位生長量あたりの窒素吸収量はほぼ一定であり，私たちがキクやカーネーションなどで調べたところでは，乾物 100 g あたり約 3 g であった．そういうわけであるから，縦軸の目盛と単位を適当にあわせると，生長曲線と栄養

吸収曲線とは似ているというよりは完全に一致する．したがって，植物が吸収する量の栄養素をひんぱんに補給しようとすれば，生長曲線＝吸収曲線＝施肥曲線と考えて，植物の生長速度にあわせて施肥すればよい．生長がはやいときには量を多く，それが遅いときには少なく与えるのである．

　こういう施肥は固形の肥料ではむずかしい．それは，低い濃度の液体肥料を植物の生長速度にあわせて回数多く与えることで達成できる．そして，こういう施肥をしておれば，肥料を与えすぎることもなく，肥料不足にもならない．また与えた肥料のほとんどすべてが吸収され，あるいは吸収された分だけが補給されるのであるから，肥料の無駄がなく，土壌中に余分な肥料がたまることもない．さらに，圃場から流れ出る肥料分がないので環境にやさしい施肥管理ということにもなる．さきに温室土壌の性質として，塩類が集積しやすいなど温室土壌はその化学性が劣悪化しやすいことを指摘しておいた．私は，それに対する根本的な対策は合理的な施肥管理，植物が吸収するだけの量を吸収速度にあわせて与える施肥管理だと考えている．また，養液土耕栽培について，さきに「私はそれを推進する立場をとっている」と述べた（75頁）が，それもここに説明したような理由による．

　なお，ここまでは主として窒素について述べてきたが．ほかの栄養素，とくにカリウムやカルシウムなどは，窒素の場合と違って単位生長量あたりの吸収量は一定でない．いわゆるぜいたく吸収といって，その栄養素濃度が高いと必要以上に吸収する．ただし単位生長量あたりの必要最低量がある．その必要最低量以上を与えておれば，生長速度は変わらない．したがって，単位生長量あたり必要な窒素の量とそれに対するほかの栄養素の割合を知り，それにしたがって施肥すれば，それが施肥量であっても培地中の濃度であっても，なんら差し支えない．その一つの例として，私たちが切り花ギクで調べた結果を示すと，窒素量を100としたときのほかの多量要素の割合はP：10〜15（$P_2O_5$：23〜34），K：100〜120（$K_2O$：120〜145），Ca：35〜40（CaO：49〜56），Mg：8〜10（MgO：13〜17）であった．

　ところで，こういう養水分管理の研究成果のうえに立って，私は「カー

ネーションの坪千本切り栽培」に挑戦し，それに成功した．この研究は，それまでに実施してきた養水分管理や栽植密度，挿し穂の大きさや挿し芽法，あるいは株の仕立て方その他の研究成果を総合して，最良だと思われる栽培法を検証しようとしたものである．日本では，このような表題の研究は技術普及雑誌の記事にはなるが，学術雑誌の論文にはなじまない．

　温室の1坪 $3.3\,m^2$ は，その利用率を $60\%$ とすれば，植え床（ベンチあるいはベッド）面積の約 $2\,m^2$（$3.3\,m^2 \times 0.6 = 1.98\,m^2$）に相当する．大きな温室では利用率が $60\%$ ぐらいになるから，切り花本数も栽植株数も，あるいは施肥量も，植え床 $1\,m^2$ あたりの数量に2をかけるとハウス1坪あたりになる．日本では6月植え12カ月型栽培の場合，植え床 $1\,m^2$ あたり普通は200～250本の花を切っており，多い人で300本，切り花の重さで12 kgの花を切っていて，カーネーションの光合成能力からみて400本が限度であるとされてきた．

　岡山県の生産者たちと研究会をしていたとき，「あんたたち，カーネーションで飯を食おうというのであれば，坪800本を目標にしなければだめですよ．」と言ったところ，リーダーの一人から「先生は坪800本と言うが，それは私たちにとっては夢です．どだい，私たちが何本きっているか知っていますか．多くて600本ですよ．」という開き直った返事が返ってきた．私はその少しまえの1980年に「カーネーション生産技術」（養賢堂）という本を出版していた．そこで，「私の『カーネーション生産技術』をよく読み，読むだけでなくよく理解して栽培すれば，800本は夢ではなくて努力目標です．」，「よし！私がやってみせる．どだい，大学教授に挑戦されるようでは，はじめからあんたたちの負けだよ．」と宣言して，スタンダード品種のノラとタンガーの坪千本切り栽培に挑戦した．その結果，植え床 $1\,m^2$ あたり最高で617本，24 kgの花を切った．ハウス坪あたりでは1,234本，48 kgである．坪800本が限度であるとする光合成測定実験は，水管理が悪いか栄養管理が悪いか，とにかくカーネーションのもつ生産性を最高に引き出すような栽培管理のもとでおこなわれたのではなかったのであろう．植物生理学の実験結果をそのまま素直に信用すると，しばしばとんだ間違いを引き起こすことが

ある．

　さらに，カーネーションや切り花ギクでの研究成果を，「趣味の花に科学の光を！」というスローガンを掲げて，趣味で栽培される日本の伝統的な大菊の栽培，とくにその福助作り栽培に応用してみた．福助作り大菊（福助菊）は5号鉢で栽培される．5号鉢には1.2 $l$（すり切りでは1.4 $l$）の土が入る．さきに述べたように，土壌には植物にとって適正な栄養素濃度があるが，植物が吸収するのは「濃度」ではなくて「量」である．上限濃度までの肥料を与えても，土が少ないとすぐに肥料不足になる．私たちが調べたところでは，福助菊は生長のさかんなときには1日に約25 mgの窒素を吸収する．その時期には，まえに述べた適正な窒素濃度範囲の上限（土1 $l$あたり80 mg, 1.2 $l$では96 mg）まで施肥してから，わずか4日間で窒素不足になる．というわけで，小さい容器での施肥管理はむずかしい．私は福助菊の生長曲線と栄養吸収曲線を求め，S字の施肥曲線（第31図参照）で栽培した．そして，「私の理論が正しいならば，趣味家と勝負してもそこそこいけるはずだ．」と考えて，1988年に力を入れて栽培した菊を「岡山市，小西国義」の名で，岡山の栽培家とともにこっそりと全国大会に出品した．結果は上位入賞して，1 m 30 cmのトロフィーを貰った．小西国義が何者であるかがばれてしまったので，その後は出品していない．大学教授であっても，花卉園芸を専門にしていると，「プロはだめ」ということのようである．1992年には，まったくのアマチュアである学生が，私が作成した手引書にしたがって栽培し，やはり上位入賞して同じ高さのトロフィーを貰った．私は，このトロフィーのほうが私のものよりも値打ちがあると言って，研究室に飾り自慢していたが，学生が卒業のときに喜んで持っていってしまった．

　いったいに日本の農学はあまい．それに比べると医学はきびしい．私は20年前に体を悪くして，岡山大学医学部付属病院にいったことがある．医学部臨床の教授はきびしい．人体についてよく知っていても，患者を霊柩車に乗せて帰したのでは権威者にはなれない．人体についてよく知り，そのうえで患者の病気を治してはじめて社会的に認められる．農学部では，理屈をこねていると《権威者》になれる．

岡山大学を退職したあとのいまは，息子といっしょにカーネーションの土付き水耕栽培の研究をしているが，私自身は「自動マスクメロン栽培器」と自称して，マスクメロンの水耕装置と栽培法の開発をしている．「自動」といっても，病害虫防除や蔓の誘引，脇芽かき，交配，玉つりまでは自動化できないので，「半自動」ということになる．マスクメロンの栽培がむずかしくて素人がなかなか手をだせないのは，土作りと灌水および施肥に高度の技術を必要とするからである．水耕によってこの三つを自動化しようというのである．さきに述べたように，培養液の中の肥料は，その濃度がゼロになるまで同じ速度で吸収される．1株あたり20 $l$ の容器を使い，はじめに窒素濃度を300 ppm にすれば，株あたりの窒素は6 g となる．1株が栽培期間中に吸収する窒素の量は6 g ぐらいであるとされるから，あとはフロートつきカランを使った水位調節タンクと各容器とをホースでつなぎ，それぞれの容器の水位が一定になるようにして自動的に給水すればよい．ただし，水耕栽培では植物がよく育ってもっと多くの肥料を吸収するようだし，最後に肥料ぎれを起こすと果実品質がよくないという指摘もあるので，追肥としてネット発生のころに基肥の半分ぐらいを与えることにしている．培養液には園芸用完全肥料（微粉ハイポネックス）を用い，所定の窒素濃度になるようにしている．

第24図　土付き水耕メロンの生育状況（小西国義原図）

こうして栽培するとネットも正常に発生し，果実が成熟するころには吸水量も自然に減り，高品質のマスクメロンが生産できる．お世辞かも知れないが，試食した人の評判はよい．

　私の水耕栽培は，3.5 号ぐらいの籠鉢で育てた苗をそのまま水耕に移す「土付き水耕」である．籠鉢を培養液の表面より上に置き，はじめは培養液に酸素を入れるための空気の泡が液面ではじけるときのしぶきで籠鉢に給液する．やがて籠鉢の隙間から根が出てそれにしぶきがかかり，根が培養液に届くと水耕に変わる．あとで述べることであるが，籠鉢育苗では苗が根巻きしないので，鉢でかなり大きく育てた苗を定植することができる．そのうえ，収穫したあとは培養液の交換だけでただちに次の作付けができる．そのために，無暖房の簡易ハウスでも，ひと夏に無理なく 2 作はできる．

　なお，微粉ハイポネックスは水耕用として開発された肥料であり，窒素を 6.5 % 含むと表示されているが，それは最低保証値である．分析してみると，実際には 7.5 % ぐらいの窒素が含まれている．私は窒素 300 ppm にするのには，水 10 $l$ に 40 g を加えることにしている．ハイポネックスの液剤はカルシウムやマグネシウムを含んでいないので，水耕には使えない．

## 付2. 福助作り大菊の栽培基準
### ―福助菊栽培の手引き―

　日本の伝統的な花の一つである観賞菊は，古くから愛好され高い人気をもっていながら，ほとんど商品化されていない．大鉢作りの大菊は運搬や輸送に難点があって商品になりにくいが，小鉢仕立てのいわゆる福助作り大菊（福助菊）は，鉢が小さくて草丈も低く持ち運びがやさしいので，商品として流通しうるものと思われる．そこで，商品生産を目的にして，福助菊の栽培法，とくにその養水分管理について研究した．

　いままでのところ福助菊は趣味家の間で栽培されており，その栽培方法は労力を多用していて，商品生産には適当でない．そのうえ年によって出来と不出来の差が大きく，安定した栽培技術になっていない．しかしながら，私たちの実験結果では，ポットマムと同じような画一的で省力的な栽培方法によっても良品が生産できるのであって，近代的な花卉生産方式による福助菊の商品生産が可能である．以下に，土壌および養水分管理に重点をおきながら，福助菊の栽培基準を述べる．その大部分，とくに土壌と養水分管理の問題は，趣味栽培にそのままあてはまる．そして，その栽培方法により，菊花展において上位入賞するような福助菊を作ることができる．

### 1. 品　種

　観賞菊には多数の品種があり，また年ごとに数多くの品種が育成，発表されているが，商品生産用としては次のような特性をもつ品種が好ましい．
① 開花調節のしやすい品種．秋遅く電照を打ち切ってもロゼット化しないで開花するもの．
② 冬に開花させても舌状花が多くて露心せず，夏にも花型が乱れない品種．
③ 花組みがしっかりしていて，輪台がいらないか一重の輪台でよいもの．
④ わい化剤の効果が高いもの．
⑤ 葉が大きすぎず，垂れないもの．
　季咲き栽培で舌状花数の多い完全八重咲きの品種であっても，そのなかに

は9月中旬あるいはそれ以降まで電照し，そのあとの涼しい温度と短い日長で花芽分化させると，管状花が極端に多くなって露心するものがある．また，いくつかの品種を電照抑制栽培やシェード栽培したときの開花の順序は，季咲き栽培での開花の早晩とは違うことが多い．季咲き栽培での開花の早晩は，限界日長の長短とその日長になったときから開花するまでの期間（開花反応期間）という二つの要因によってきまるのであるが，電照栽培やシェード栽培では開花反応期間の長短だけで開花の早晩がきまる．そのために，季咲き栽培で早生の品種が電照栽培では晩生になり，逆に晩生のものが早生になったりする．趣味栽培では11月上旬のきまった時期に開花させればよいのであるが，商品生産では開花調節によって出荷期間を広げる必要があるから，それぞれの出荷時期に適した品種の選択が大切である．

## 2．作業計画

### (1) 親株育成

普通の趣味栽培では，秋に開花した株をそのまま暖かいところで越冬させて冬至芽を育て，それから直接挿し穂を採っている．商品生産の場合は挿し穂の量が多く，また挿し芽の時期もさまざまであるから，9月に挿し芽をして親株を育成しておくのがよい．5月の挿し芽までは冬至芽をそのまま親株とし，6月以降の挿し芽のためには，3月ごろに挿し芽をして親株を更新しておく．

なお趣味栽培の場合も，親株は3月ごろに7号ぐらいの大きな鉢に移しておくのがよい．7月中旬の挿し芽時期まで5号鉢のままにしておくと，ていねいに管理をしていても茎が上部まで堅くなり，質のよい挿し穂が採れない．

穂を採る30日まえに摘芯してよく充実した側枝を育て，採穂の10日前にB9（ビーナイン）の250倍液を散布し，節間の短い挿し穂にする．これは趣味栽培の場合も同じである．

### (2) 挿し芽

通常の方法による．展開した葉2枚と半展開の葉1枚を付け，IBAの800ppm（オキシベロンなら5倍）液に基部を浸し，パーライト4にピートモス

1を加えた床に挿す．穂は指で折り取る．このとき，素直に折り取れる部位で折る．茎が堅くなっていて筋が残るような部位で折り取ると，その穂は発根しないか発根が非常に遅れる．挿し穂が短くなっても，柔らかいところで折り取ることが大切である．そのためにもし穂が2cm短くなったとしても，極端に言えば開花したときの花の高さが2cm低くなるだけである．

なお趣味栽培では，基部の葉を少なくとも1節は取り除き，その節の側芽が挿し床に入るように挿す．のちに地下部から吸枝を出させるためである．趣味栽培の場合，最高の花が咲いた株を残して次の年の親株にする．挿し芽のときにはどれが最高の花になるか分からないので，どの株からも吸枝が出るようにしておかなければならない．また，栽培中に土の中から出てきた吸枝はかき取るのではなく，先端を摘み取る．かき取ると吸枝が出なくなる．

挿してミストの下か木陰におく．15～17日で砂上げできるようになる．ミストの場合は砂上げの5日ぐらい前からミストをとめる．さらに鉢上げまえの2～3日は強い光にあてる．この順化処理は夏に鉢上げするときにはとくに大切である．観賞菊は，この処理なしで植えると植え痛みがはげしく，活着が非常に遅れる．植物を移植するときには，移植まえよりも移植したあとの環境条件が温和であるのがよい．趣味栽培でのように盛夏に鉢上げするときには，光を弱くすることはできても，温度を下げることはできない．こういうときには，移植まえの苗を直射日光にさらすなど，苗のほうを少し痛めておく．

(3) 鉢上げとその後の一般管理

趣味栽培ではまず3.5号鉢に上げ，20～25日後に5号鉢へ移す．商品生産の場合は，省力のためにはじめから5号鉢で栽培する．

その後の一般管理は次のとおりである．

① 鉢上げ7日後　B9の250～300倍液散布．普通の品種は300倍，よく伸びる品種は250倍という意味．B9は，葉から滴がしたたり落ちるぐらいにたっぷりと散布する．肥料の場合と同じように，植物が吸収するのは「濃度」ではなくて「量」であるから，高濃度でも散布量が少ないと効果が低い．アルコール濃度の高いウイスキーでも少し飲んだのでは酔わないが，ビール

でもたくさん飲むと酔っぱらう．それと同じ理屈である．
② 鉢上げ20日後　短日開始（遮光開始または電照打ち切り）．
③ 鉢上げ21日後　B9の250～300倍液散布．趣味栽培では8月20日ごろになる．
④ 鉢上げ35日後　B9の300倍液散布．このとき，よく伸びている株には翌日くり返して散布する．趣味（季咲き）栽培の場合は，最後のB9処理は9月5日ごろになる．それよりも早く処理すると，品種によっては花首が伸びることがある．逆に9月10日より遅くB9を与えると，花が小さくなる．

(4) 花の品質改善のための特殊処理

　大菊には，9月下旬以降の涼しい温度と非常に短い日長のもとで花芽を形成すると，上位の葉が小さくなっていわゆる「うらごけ」をおこし，また管状花が極端に増えて芯がみえるようになり（露心し），品質がわるくなる品種が多い．それを防ぐためには，短日開始の7～10日後から7～10日間，自然光の20～30％（黒のかんれい紗3枚程度で減光処理）の暗いところにおき，いくらか高めの温度にするとよい．この処理によって，上位葉が大きくなり，舌状花数はあまり増えないが管状花が少なくなって，かなりな程度に「うらごけ」と露心が防止できる．ただし5日週間ぐらい開花が遅れるので，処理しないものと同じ時期に開花させるには，その分だけ短日開始を早くしなければならない．

　この減光処理は，趣味栽培でも花の品質改善に効果がある．たとえば'兼六香菊'という品種の花は形のよく整った厚物であるが，いくらか小ぶりである．これを減光処理すると，花が大きくなり，走り弁が出て厚走りの花になる．

## 3．土壌と養水分管理

　以下は，主として趣味栽培家を対象とした栽培の手引書である．ただし養水分管理については，潅水（あるいは潅液）を自動化すれば，商品生産にもそのまま利用できる．

(1) よい土の準備

　よい土であるためには，まず第一に病気のない土でなければならない．

III. 土壌・養水分管理

　商品生産の場合は，毎年新しい用土で栽培する．趣味栽培の場合も毎年新しい土を準備しているが，病気の点をのぞけば，まったく新しい土よりも2年，3年と使い込んだもののほうが使いやすい．普通は池の底土や田土を取ってきて栽培しているが，こういう粘土の塊である土を，あとで説明するような団粒構造の土にするのは容易でない．粘土の塊はあくまでも粘土の塊であって，団粒ではない．ミクロン単位のこまかい土の粒子がニカワ質で互いにくっつけられたのが団粒である．粘土の塊は，上から水をやるとどろどろに崩れてしまう．崩れないにしても，その塊には根が入らない．それに対して，一度使った土は粘土の塊が少なくなっていて，団粒になりやすい．したがって，使い古した土を消毒して使うのがよい．そして，いちばん手軽な消毒法は太陽熱利用土壌消毒である．この方法は鉢土だけでなく，たとえば挿し木用土などの消毒にも使える．

　具体的には第25図のようにする．すなわち，地面と密着していない浅い木箱あるいは簀の子（すのこ）または厚い筵（むしろ）にプラスチック（ビニル）フィルムを敷き，消毒する土を厚さ10 cm以下に広げ，上も透明なフィルムで覆い（マルチ），さらにトンネルをかける．これを前日に準備して7～9月上旬の強い日光に早朝からあてると，午後には土の底まで60℃以上に

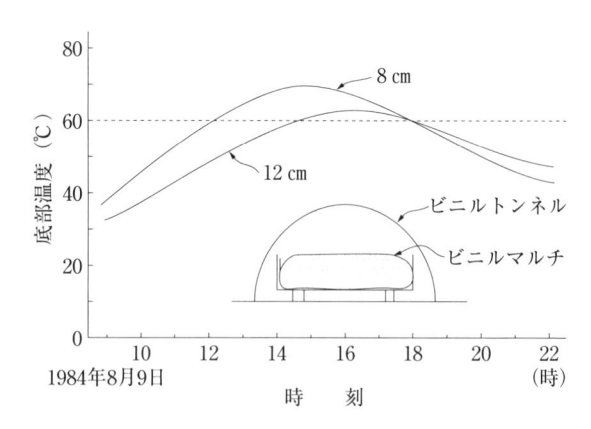

第25図　太陽熱利用土壌消毒（小西国義原図）
　天候は快晴，土の深さは8 cmと12 cm，温度測定は中央の底部．湿熱では60℃・30分間で大部分の病原微生物は死ぬ．

温度が上がり，1日で消毒できる．朝食をとってから消毒の準備をしたのでは，すでに太陽は高く昇っているので1日では消毒できない．土は適当に湿っているのがよい．湿っておれば，60℃・30分間で病原菌は死ぬ．土がからからに乾いていると，病原菌が耐熱性になっていることがある．そういう土を消毒するときには，水をやったうえで，消毒装置の中に数日間放置しておく．湿り気があると，やがて菌は耐熱性でなくなるので，それで消毒できる．なお土の厚さを8 cm以下にすれば，5月や9月下旬にも消毒できる．少量の土なら，ポリ袋に入れて南側の屋根の上におくだけでよい．

　なお，木箱で消毒するときに温度が一番上がりにくいのは底の角の部分である．したがって，真ん中を高く両端を低くして，かまぼこ型にするのがよい．また，土と地面との間に隙間があることが大切であり，下のフィルムが地面に接していると熱が大地に逃げて，土の温度が上がりにくい．消毒がすんだ土は，温度が下がればすぐに使ってよい．

　次に，水もち（保水），水はけ（排水），通気のいい土がよい土である．

　植物は，土がなくても，根に水と空気（酸素）と栄養分が適当に与えられさえすればよく育つ．よい土というのはこれらの水と酸素と栄養分を適当に含んでいて，いつも過不足なく植物に供給する土のことである．

　このなかで，栄養分の量は土の中での変動が比較的にゆっくりしているので調節がやさしいが，水と酸素の量は変動がはげしく，よい状態を保つのがむずかしい．鉢の中の栄養分の量は日単位で変動するので，一度，多すぎない程度の肥料を与えると，その後何日間かは肥料不足にならない．それに対して，水と酸素の量は時間単位ではげしく変動する．朝しっかり水をやっても，午後には萎れるほどに水不足になることがある．水と酸素の量は裏腹であって，水が少ないときには酸素が多く，逆に潅水直後の水が多いときには酸素不足である．したがって，水と酸素を同時に多く含む土，つまり物理性のいい土がよい土ということになる．とくに通気性がよくて，水をやりすぎても根腐れを起こさない土がよい．直射日光のもとで栽培しているとき，鉢上げして20日以上たったものなら，8月から9月中旬の晴天日には毎日か3日に2回の潅水をするぐらいの土，すなわち排水のいい土が福助菊の栽培に

は適している．夏の高温期のキクには，とくに土壌通気が大切である．

　物理性のいい土というのは，大小さまざまな大きさの隙間のある土である．こういう土は，上から水を与えたとき，大きな隙間に入った水は下に落ちてそこに空気が入り，小さな隙間には水が保持される．小さな隙間だけの土には空気が少なく，また隙間全体の容積も小さいので，保持される水も少ない．逆に大きな隙間だけの土は，与えられた水は下に落ちてしまって，空気は多いが保持される水が少ない．大小さまざまな大きさの隙間をもつ土というのは，大小さまざまな大きさの粒子からなる土である．すなわち，升の中に豌豆，大豆，小豆，米，粟などを混ぜて入れたような土がよいのである．これに小麦粉が入ると，隙間は埋まってしまう．粘土が水に溶けると，それと同じことが起こる．実際にはこのような大きい粒はよくないのであって，一番大きな粒が小豆ぐらいであるのがよい．

　さまざまな大きさの隙間をもつのは団粒構造をしている土である．小麦粉よりもいちだんとこまかい土の粒子が，ニカワ質でたがいにくっつけられたのが団粒である．ただの粘土の塊は団粒ではない．ニカワ質でくっつけられて団粒化した土は，上から水が与えられると水を吸収し，塊は崩れない．粘土の塊は水をやるとどろどろに崩れてしまい，それが土の中の隙間を埋めてしまう．粘土がいったん粉々に砕けてしまい，その粒子がニカワ質でたがいにくっつけられて，さまざまな大きさの団粒ができる．

　そのニカワ質は有機物である．有機物が分解するときにニカワ質がでる．土によく腐熟した有機物を与え，適当な湿り気のとき，すなわち土の塊が指先でよく砕ける程度に乾いたとき，土をよく切り返すと団粒構造の土になる．切り返すときに粘土の塊があれば，それはよく砕いてしまう．このとき，土は適当に湿っていることが大切である．乾きすぎていると土は粉々になってしまい，湿りすぎているとこね回すことになって，いずれにしても団粒にはならない．

　与える有機物としては，腐熟した稲わら堆肥のような分解しやすいものと，バーク（樹皮）堆肥やピートモス，籾がらなど，分解しにくいものとを混ぜて用いるのがよい．これらはよく腐熟していることが大切であり，腐って

いない有機物だけを与えたのでは，まだニカワ質が出ていないので，切り返しても土は団粒にならない．また，分解しやすい有機物だけを与えると，それは栽培の途中で消えてなくなってしまい，土が固くしまってくる．稲わら堆肥のような炭水化物からなる有機物は，分解すると水と炭酸ガスになる．こういうわけで，分解しやすい有機物と分解しにくいものとを混ぜて加え，用土全体の40％ぐらいになるようにする．一度使った土の場合は，前年の分解しにくい有機物がまだ残っているので，30％程度を新たに加える．箱などに目盛りを付け，深さの七分目まで土を入れ，残りの三分を有機物とし，よく混ぜるとよい．有機物にしても肥料にしても，なにごとも目分量はよろしくない．

　新しい土の場合，ここで苦土石灰と過リン酸石灰をそれぞれ土100 $l$ あたり80 g ぐらい与えて，土をよく切り返す．古い土を使うときには，基肥は苦土石灰だけにし，追肥のみで栽培する．

　なお，5号鉢には土が約1.4 $l$ 入り，潅水して土が落ち着くと約1.2 $l$ になる．そして，適正潅水点で潅水して約0.2 $l$ の水が新たに保持される．100鉢あたり約140 $l$（実際にはその10％増し）の用土を準備する．また，1回あたり100鉢の潅水量は約20 $l$ である．この量はあとで述べる液肥をつくるときに大切となる．実際には鉢底からいくらか流れ出るように潅水するから，その15％増しの液肥を準備する．

(2) 施　肥
① 施肥の考え方

　植物は肥料を吸収するから育つのか，育つからそれを吸収するのか．私たちの実験結果をもとにしてさきに答えを言えば，「植物は育つから肥料を吸収し，吸収して育つ」と言うことができる．すくなくとも窒素についてはそれが言える．

　植物には，生育温度に適温があるのと同じように，土の中の肥料の濃度にも最適の濃度がある．肥料が少なすぎても多すぎても，植物の生育はよくない．少なすぎるのは肥料不足であり，多すぎると障害となる．それは温度が適温よりも低すぎるか高すぎるのと同じである．したがって，土壌中の肥料

濃度をいつも最適にして栽培するのが理想的だということになる．実際には植物がよく育つ肥料濃度の範囲はかなり広いので，私は適正濃度あるいは適正濃度範囲と呼ぶことにしている．土壌中の肥料濃度が適正範囲内に維持されておれば，植物はその生長に見合っただけの肥料を吸収してよく育つ．肥料によって植物の育ちが悪くなるのは，それが多すぎるか少なすぎるときのことである．土壌中の肥料濃度を適正な範囲に維持することができれば，それ以上肥料のことを問題にする必要はない．それは，温室の換気が自動化され，暖房機の点火と消火が自動化されているときの温度管理と同じである．

培地中の適正な肥料濃度の範囲はかなり広いので，それを維持するのはあまりむずかしいことではない．私たちが水耕栽培でおこなった実験では，第26図のように窒素濃度を50, 100, 200, 300 ppm とし，2日ごとに吸収された量を補給していったところ，いずれの濃度でもキクは同じ速度で生長した．また，はじめは窒素を加えないでおいて，100 ppm のものが吸収した量だけを2日遅れで与えていった場合（$0 + \alpha$ ppm）も，2日遅れになるだけで，生長速度は同じであった（第27図）．さらに，弱い光のもとで生長を抑

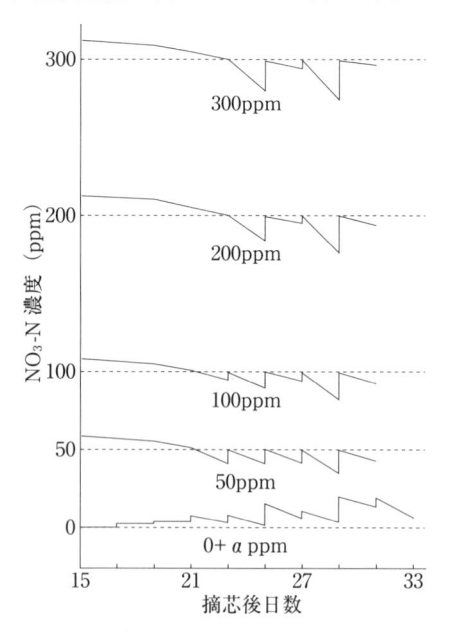

第26図　キクの水耕栽培における培養液中の窒素濃度の変化（景山詳弘ほか，1987，園芸学会雑誌，56巻1号）

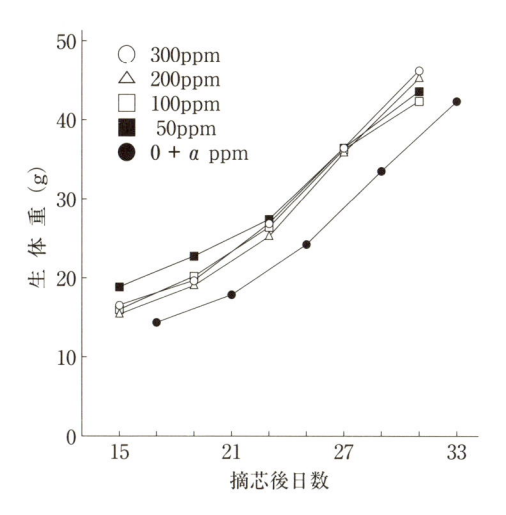

第27図　培養液の窒素濃度とキクの生体重増加（景山詳弘ほか，1987，園芸学会雑誌，56巻1号）

えて窒素吸収量を調べたところ，生長が遅いと吸収量も少なかった．すなわち水耕栽培の場合には，肥料濃度が低くても，吸収される量がつねに補給されておれば，植物はその生長量に見合った量の肥料を吸収して育つのである．だからこそ，「生長するから吸収し，吸収して育つ」というのである．そして，植物がよく育つ肥料濃度の範囲は，ほとんど0 ppmに近いところから300 ppmあるいはそれ以上まで，非常に広い．

　ところが土耕栽培で同じような実験をしてみると，よく生長する肥料濃度に上限と下限があった（第28図）．水耕栽培の場合と違って，土の中に肥料分があっても根が触れているところにはそれがなくなっていることがあり，そのために肥料不足になるのであろう．第28図では，土1$l$あたりの窒素が12.5 mgで生長がいくらか悪くなっている．そうではあっても，キクがよく育つ土壌中の窒素濃度の範囲は土1$l$あたり12.5 mgから100 mgまであり，かなり広いということができる．したがって，これから述べる方法で施肥してゆけば，土壌中の肥料濃度を適正範囲に維持しつづけるのは，あまりむずかしいことではない．

III. 土壌・養水分管理

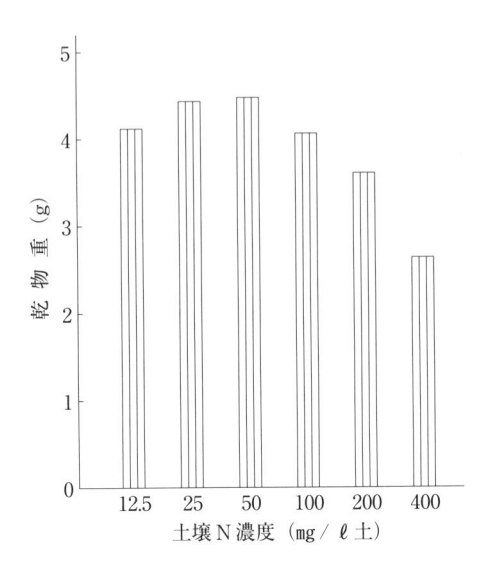

第28図　土壌中の窒素濃度とキクの生長（小西国義，1987，農業および園芸，62巻12号，養賢堂）窒素濃度処理開始後15日間の地上部乾物重の増加

　土壌中の肥料濃度を適正範囲に維持しようとすれば，はじめは肥料濃度を低くしておき，その後は「今日吸収される量を今日与える」，あるいは「昨日吸収された量を今日与える」ような施肥をすればよい．そのためには潅水のときに液肥で与えるのがよく，固形の肥料ではそれがむずかしい．
　このようにして，土の中の肥料濃度が適正範囲内にあれば，植物は自分の体を造るのに必要なだけの肥料を吸収してゆく．福助菊が開花までに吸収する肥料の量を生長速度にあわせて適当に割り振って与えてゆけば，施肥の失敗はほとんどない．植物は過不足なく肥料を吸収し，最高に生長する．次にその割り振りかたを説明しよう．
② 肥料の与えかた
　植物の生長してゆく姿を図にして示すと，それはS字曲線になる．第29図は茎の長さの変化を示したものであるが，葉の面積や植物体の重さ，とくに乾物重の増えかたも，同じようなS字曲線になる．これを生長曲線とよん

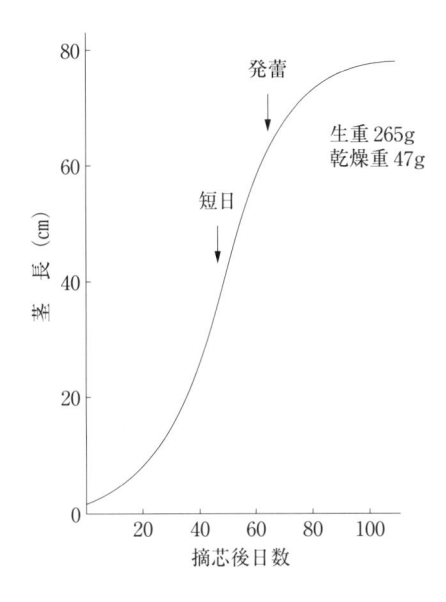

付2.福助作り大菊の栽培基準―福助菊栽培の手引き― ( 121 )

第29図 切り花ギクの生長曲線（小西国義原図）

でいる．

　普通の肥料分は植物がその体を造るのに使うから，肥料の吸収曲線も生長曲線によく似たものになる．すなわち，1日あたりの吸収量は生長のゆっくりした生育初期に少なく，生長のさかんな中期に多く，最後はふたたび少なくなる（第30図）．キクの場合，花蕾がみえはじめるころには草丈の伸びはとまりはじめるが，重さはそのころが一番増えている時期であり，肥料とくに窒素の吸収量もそのころが最も多い．結局，この吸収曲線にあわせて液肥を与えるのがよい．そうすれば，土の中の肥料は多すぎることもなく，また不足にもならない．

　特上の福助菊は地上部重が約200 g，花の重さが100 gを越える．そして，それは花が満開になるまでに窒素を約1 g（1,000 mg）吸収する．施与された肥料のすべてが吸収されるわけではないが，植え付けまえから土が含んでいる肥料もあるので，福助菊の場合はこの窒素1 gが全栽培期間をとおしての施肥量となる．それを吸収曲線にあわせて割り振ったのが第31図である．ここには窒素だけしか示していないが，ほかの肥料は窒素10に対してリン

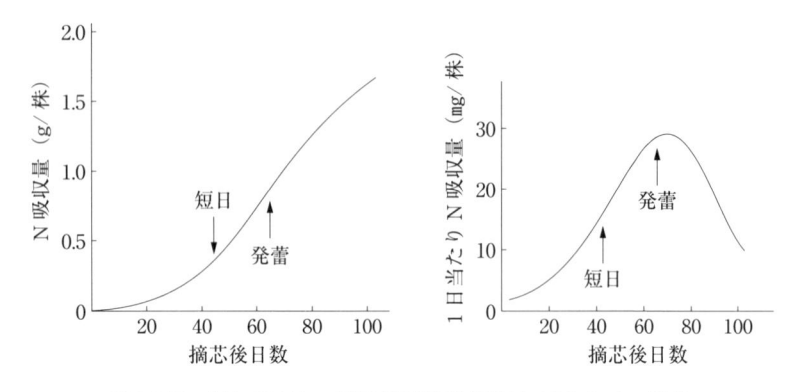

第30図　切り花ギクの硝酸態窒素吸収曲線（左）とその微分（1日あたり吸収）曲線（小西国義原図）

酸5，カリ12ぐらいの割合（10-5-12）で与えてゆく．この成分割合の肥料を選べば，それを水に溶かすときには，施肥の量や濃度の計算は窒素だけについておこなえばよい．

鉢上げして5～7日後からこの成分割合の肥料を水に溶かし，はじめは低い濃度で間隔を広くして与え，やがて少しずつ濃くして間隔をせばめ，花蕾がみえはじめるときの前後それぞれ10日間ぐらいを最高にし，その後は少しずつ減らして，花が満開に近くなるまで与える．有機質肥料を主体とした施肥の場合と違って，液肥で植物が吸収する量だけを与えるときには，追肥をやめるとすぐに肥料ぎれを起こすので，八分咲きのころまで施肥をつづける．

次に施肥設計の例を第10表に示しておく．ここには施肥日を鉢上げ後の日数で示してあるが，実際にこの施肥設計を使うときには，施肥月日と溶かす肥料の量を一覧表にするか，それをカレンダーに書き込んでおくのがよい．

5号鉢には約$1.2 l$の土が入る．植え付けのときに鉢の上端まで土を入れると$1.4 l$であるが，潅水しているあいだに土が落ち着いて$1.2 l$になる．そして，これに適正潅水点で静かに水を与えると，余分な水は鉢底から落ちて，新たに約$0.2 l$の水が保持される．いま仮に窒素120 ppm（水$1 l$に窒素120

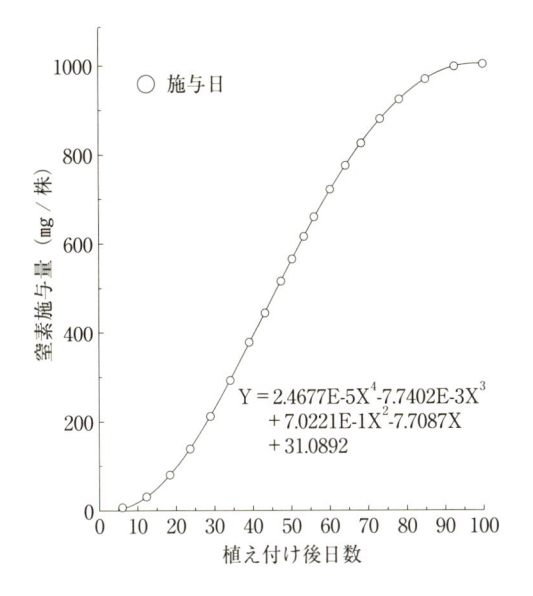

付2.福助作り大菊の栽培基準—福助菊栽培の手引き—　（　123　）

$$Y = 2.4677\text{E-}5X^4 - 7.7402\text{E-}3X^3 + 7.0221\text{E-}1X^2 - 7.7087X + 31.0892$$

○ 施与日

第31図　福助菊の施肥曲線（景山詳弘ほか，1993，岡山大農学部学術報告，81号）

mg）の液肥で潅水（潅液）すると，1鉢あたり窒素を24 mg与えたことになる（120 mg×0.2 = 24 mg）．はじめに3.5号鉢に植えたときには，3.5号鉢の土は潅水して0.05 $l$ の水しか新たに保持しないから，同じ濃度で施肥すると5号鉢の4分の1しか保持されないことになる．1鉢（1株）あたりの窒素の施与量を5号鉢と同じにしようとすれば，4倍の濃度（480 ppm）にしなければならない．それでは濃度が高すぎるので，2倍の濃度で回数を倍にして与える．こうして，第10表にしたがって施肥してゆくと，窒素の総施与量が996 mgになり，施肥曲線は第31図のようになる．

　土の状態によっては，潅水して新たに保持される水が0.2 $l$ にならないことがある．あらかじめ潅水のまえとあとの重さを測定して，自分の鉢土がどの程度の水を保持するかを調べておく．もし保持される水が0.15 $l$ なら，第10表の量に1.33をかけた量を与えると1鉢当たりの施肥量が同じになる（0.2÷0.15 = 1.33）．たとえば1鉢に72 mgの窒素を与えるとき，潅水量が0.2 $l$ の鉢土の場合は，肥料がOK-F-1なら第10表のように水10 $l$ に24 g

第10表 施肥設計の例（小西国義原表）

養液濃度は、潅液して3.5号鉢（鉢上げ後22日まで）は0.05 l、5号鉢では0.2 lの養液が新たに保持されるとして計算した。

| 施肥日<br>鉢上げ後日数 | 1鉢あたり窒素<br>(mg) | 窒素濃度<br>(mg/l) | OK-F-1濃度<br>(g/10 l) |
|---|---|---|---|
| 6 | 12 (24) | 240 (120) | 16 ( 8) |
| 9 | 12 | 240 | 16 |
| 12 | 12 (24) | 240 (120) | 16 ( 8) |
| 15 | 12 | 240 | 16 |
| 18 | 24 (48) | 480 (240) | 32 (16) |
| 21 | 24 | 480 | 32 |
| 23 | 48 | 240 | 16 |
| 28 | 60 | 300 | 20 |
| 33 | 60 | 300 | 20 |
| 38 | 72 | 360 | 24 |
| 42 | 72 | 360 | 24 |
| 46 | 72 | 360 | 24 |
| 49 | 72 | 360 | 24 |
| 52 | 72 | 360 | 24 |
| 55 | 72 | 360 | 24 |
| 59 | 60 | 300 | 20 |
| 63 | 60 | 300 | 20 |
| 67 | 36 | 180 | 12 |
| 72 | 36 | 180 | 12 |
| 77 | 36 | 180 | 12 |
| 84 | 24 | 120 | 8 |
| 91 | 24 | 120 | 8 |
| 98 | 24 | 120 | 8 |

注1 （ ）内は、はじめから5号鉢で栽培するときの量。5号鉢は保持する水の量が3.5号鉢の4倍であるから、液肥の濃度と施与回数をそれぞれ1/2にする。それによって、鉢に入る肥料の量が同じになる。

注2 趣味家の手に入りやすいハイポネックス液剤を使う場合、窒素成分がOK-F-1の3分の1 (5-10-5)であるから、各施肥日にその3倍の量を溶かす。OK-F-1が水10 lあたり16 gのときには、ハイポネックスなら48 mlにする。

を溶かして与えるが、潅水量が0.15 lの鉢土には32 gを溶かす（24 g×1.33 = 31.9 g）。また、潅水量が0.18 lの土なら、0.2÷0.18 = 1.1をかけるとよい。与える液肥の濃度と量によって施肥量がきまるのであるから、自分の鉢土が潅水してどれだけの水を保持するかを知っていなければ、液肥の濃度がきまらない。

窒素：リン酸：カリが10：5：12の成分割合の肥料を自分で調合するのはやっかいなので，第10表には市販の肥料でそれに近いものを用いる場合の水10 $l$ に溶かす量を示した．OK-F-1は窒素15％，リン酸8％，カリ17％，そのほかに石灰6％，苦土2％，さらにホウ素やマンガンなどを含んでいる．石灰や苦土はこれだけでは不足する恐れがあるので，基肥に少し加えておく．あとは追肥だけで栽培してよい．こうして窒素を合計で1g与えたとき，リン酸は0.53g，カリは1.13g与えたことになる．

　以上が，鉢上げ後おおよそ100日で花が満開になるような栽培をするときの，福助菊の標準的な施肥設計である．この方式による場合，植え付けまえの土はあまり肥料分をもっていないのがよい．少なくとも窒素，リン酸，カリは前作の残りと堆肥などが含んでいる量だけで十分であり，苦土石灰を土100 $l$ あたり80g与える程度で，特別な基肥はやらない．とくに油粕や魚粉のような有機質の肥料を与えるのはよくない．基肥に有機質の肥料を与えてこの方式で追肥してゆくと，有機質が分解してできた肥料分と追肥のそれとで，土の中の肥料濃度が適正範囲を越えてしまう恐れがある．

　基肥を与えずにこの施肥設計で施肥してゆけば，土の中の肥料濃度は常に適正範囲に保たれ，キクは与えられただけの肥料を吸収してよく育つ．たとえば，この方式で最高に施肥している時期（鉢上げ後46日）の施肥前の土を分析してみたところ，土1 $l$ あたりの窒素量は約15 mgであった．1回の施肥量は1鉢（土1.2 $l$）72 mgであるから，土1 $l$ では60 mgであり，施肥直後の窒素量は15 mg + 60 mg = 75 mgとなる．すなわち，窒素は15 mgから75 mgの間で変動していて，第28図に示した適正範囲のなかに収まっていたことになる．

　ところで，福助菊は夏の高温期に葉が黄色くなり，濃い緑にならないことがある．これは，鉢土がアルカリ性にかたよって鉄やマンガンが水に溶けにくくなり，植物にそれが不足して起こるクロロシスである．そういうときには，硫酸第2鉄を水1 $l$ に1〜2g溶かして与えるとよい．葉面散布すると葉にしみができることがあるので，葉にあたらないようにして土に灌注する．3〜4日で葉は緑になる．また，尿素やアンモニア系の窒素を施用している

と，土の中にはカルシウムが十分にあっても，旺盛な生長をしているときに石灰欠乏を起こし，展開中の若い葉の先端が水浸状になって枯れることがある．そういう場合には，できるだけ早く塩化カルシウムを水 1 $l$ あたり 2 g 溶かして葉面散布する．次に展開する葉から正常になる．

## （3）灌　水

　土の中の水についても，植物にとって最適の水分レベルがある．有機物の多い土であれば，その容積の 25～30 % の水が含まれるとき，土の水分張力で pF 1.2～1.4 のときに，植物は一番よく育つ．水が多すぎると逆に土の中に酸素が少なくて根の活動が弱くなり，水や栄養分の吸収が悪い．ひどいときには，酸素不足で根腐れを引き起こす．逆に土の中に水が不足すると植物の体の中も水不足になり，細胞は大きくなれず分裂もしなくなって，植物の生長はとまる．福助菊の生長期である夏の日中には，土に十分な水があっても，葉からの蒸散で失われるだけの水が下から上がってこないために，植物体内，とくに生長点付近は生長できないほどにまで水不足になる．昔から「植物は夜育つ」と言われ，事実またそうなのであるが，昼間は体内の水分が不足して生長できず，蒸散の少ない夜に体内水分が回復して生長するのである．

　実際問題としては，土の水分を最適レベルに保ちつづけるのは，養分の場合と違ってきわめてむずかしい．土がちょうどよく乾いたときに水をやるよりほかによい方法はない．植物が最もよく生長するように灌水するときの土の乾きぐあいを，私は適正灌水点とよんでいる．キクの夏の適正灌水点は，土壌水分張力で pF 1.5～2.0 である．そのときには，土の表面はまだいくらか湿っている．実際には，夏の光が強いときであれば，下葉がわずかに萎れはじめたときに灌水するのがよい．植物が水不足で萎れるとき，水溶性の化合物の少ない古い葉がさきに萎れはじめる．ただし，小さな鉢でよく茂ったキクは，萎れはじめて 10 分もすると本格的に萎れるので，よく注意しなければならない．くりかえしてひどく萎れるような育てかたをすると，葉が大きくならない．水をやって 5 分以内に回復するぐらいの萎れであれば，なんら差し支えない．その程度にまで乾かすほうが，根の活性のためには，萎れか

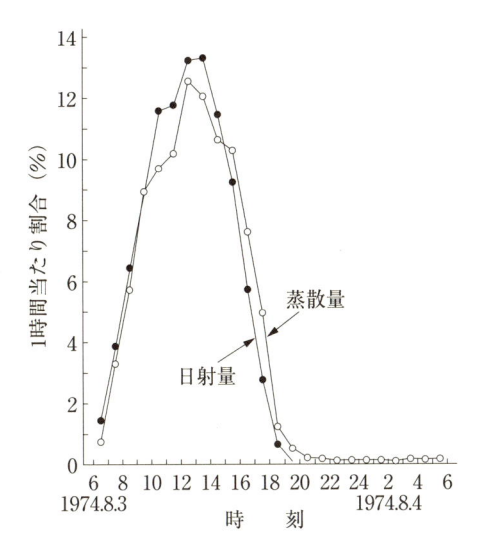

第32図　光とキクの蒸散量の日変化（小西国義，1984，花卉園芸大事典，養賢堂）

さないよりはむしろましである．

　夏のキクの蒸散量は光の強さに大きく影響される．晴天日には，光の強い11～14時の3時間に，1日全量の35％まで蒸散する．一方，夜の蒸散量はきわめて少なく，午後6時から翌朝6時までの12時間に1日全量のわずか3.3％，夕方の8時から朝の6時までの10時間では1.5％しか蒸散しない（第32図）．

　土の中に水が多すぎると根の活動が衰えて，水の吸収と蒸散さえも少なくなる．第33図は横軸の左ほど土壌水分が多く，右にむかって乾いた状態になる．縦軸は蒸発散力となっていて，蒸散量と土面蒸発量を計器蒸発量で割った値であるが，小さい鉢の土面蒸発量は少ないので蒸散量と考えてよい．水分張力がpF 2.0以上の土は乾いた状態であるから，蒸散量が少ないのはあたりまえであるが，pF 1.0以下の水分の多いときにも蒸散量は少ない．これは，土に水が多すぎて逆に酸素が少なく，根の呼吸が抑えられて活動が弱っているからである．昔から，潅水は朝がいいか，午後がいいかで意見が分か

III. 土壌・養水分管理

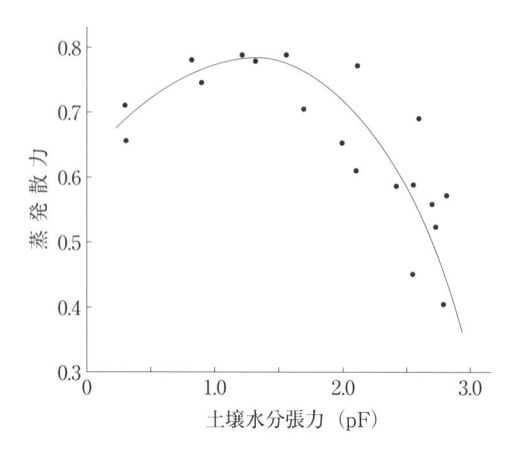

第33図 土壌水分とキクの蒸発散量（小西国義, 1984, 花卉園芸大事典, 養賢堂）

れているが、この二つの図から判断するかぎりでは、水やりは朝がよい。夕方に潅水すると、夜間はほとんど吸水されないので、朝まで長時間にわたって鉢土に水が多すぎることになる。午前中に与えた水はすぐに吸収され、鉢土が過湿になる時間が短い。土が適当に乾いて夜を迎えるような潅水を心がける。午後になって土が乾きすぎて植物が萎れるときには、午後3時ごろまでは普通に潅水する。夕方になって萎れて水をやらなければならないときには、葉をぬらす程度の水、葉水程度にしておく。夜に水が多すぎると、根腐れの原因になる。

水をやるときには、鉢底から水が流れ出るぐらいにたっぷりと与える。土の表面だけがぬれるような潅水は、土の中の空気が入れ替わらないのでよくない。鉢底から水が流れ出るように潅水すると、酸素の少ない古い空気が下へ追い出され、かわりに酸素の多い新しい空気が入ってくる。

以上は、福助菊の標準的な養水分管理法である。茎葉がよく茂って大株になる品種と小型のものとでは、吸収される肥料の量はいくらか違うと思われるが、同じ管理でもほとんど問題はない。こうして画一的な管理をしておれば、百鉢中ほとんど百鉢が菊花展に出品できるようなものになる。潅水と施肥を自動化すれば、菊花展で入賞するような福助菊が省力的に大量生産でき

第34図　自動潅液栽培による福助菊（小西国義原図）

る．私は，潅水のたびに液肥を与える完全自動潅液栽培をしているが，それでも他人に負けない程度のものができる（第34図）．ただし養液の濃度は，さきの第10表と実際の潅水頻度をもとにして，1株の窒素施用量が1gになるように計算しなおしている．

## 付3. カーネーションの良品・多収・安定生産
― 坪千本採花の栽培基準 ―

　日本のカーネーション生産は，1960年代の後半から技術革新がはかられた．その結果，生産は安定化し，経営規模が大きくなり，労働生産性は著しく向上した．しかしながら面積あたりの採花本数をみると，立ち枯れ性の土壌病害の軽減による増加分をのぞけば，それはあまり増えていない．現在，シム系その他のスタンダード品種を用いて6月植え12カ月型栽培，すなわち毎年6月に植え替える栽培をおこなった場合，採花数は多くてもベンチ（植え床）1 $m^2$ あたり300本（温室1坪あたり600本）までであり，400本は夢だという人が多い．しかしながら，私は実験レベルではあるが，617本を達成したことがあるので，カーネーションの性質をよく知り，国内外の研究成果を活かす栽培をすれば，経営レベルでも400本は夢ではなく，500本の良品質の切り花を毎年安定して生産することも不可能ではないと思っている．小面積の実験レベルでなら，700本以上の可能性があると信じている．そして，多収は省力，省エネ，低コストである．

　そこで私の研究成果をもとにして，スタンダード品種の'ノラ'を標準品種とし，6月植え12か月型栽培をおこなうときのベンチ1 $m^2$ あたり500本（温室坪あたり1,000本）採花を目標とした栽培基準を述べる．ほかの作型の場合も，原理と原則は同じである．そして，これまでの私の実験結果からみて，カーネーションの良品・多収・安定生産のために最も重要なのは，土壌病害対策を別にすれば，栄養および水の管理とそれを支える土壌の準備である．とくに夏の養水分管理が生産性を決定する．したがって，土壌と養水分管理に重点をおいて説明する．

　なお，温室面積に対するベンチ面積の割合を60％とすると，3.3×0.6＝1.98であるから，ベンチ1 $m^2$ あたりの植え付け株数や採花本数，施肥量などを2倍すると温室1坪（3.3 $m^2$）あたりの数量となる．

付3. カーネーションの良品・多収・安定生産—坪千本採花の栽培基準—

## 1. 母株の再選抜と苗の育成

カーネーションには花色の枝変わりがよくみられるが，枝変わりは花色だけでなく，生産性にかかわる性質の変異もひんぱんに起こっている．しかも，その枝変わりのほとんどが生産性の低い方向へ変わる．生産性にかかわる性質というのは，たとえば摘芯したあとの側枝の生長の揃いとはやさ，二番花となる側枝が発生する節位と時期などである．私が'ノラ'の1株をもとにして，生産性の最も高い株と最低の株を選び，それを母株として増やして栽培し，それをくり返しながら50株単位で3作したところ，生産性の高いほうは現状維持，低いほうは目にみえて生産性が低くなった．このように，カーネーションは再選抜をくり返さないとすぐ生産性が低下するので，生産性の最も高いものを選んで母株にする．無病苗育成のために茎頂培養をするときには，一つの培養母株から多数の苗をつくるから，とくに母株の再選抜が重要である．それを怠ると，その品種のすべての株が生産性の低いものになる．

母株の再選抜は，1品種を千株以上の単位で栽培している営利栽培温室でおこなう．わずか10株や20株から最優秀株を選んだのでは，現状維持さえむずかしい．いまでは，切り花生産者はほとんどすべての苗を種苗業者から購入しているが，このような方法で母株の再選抜を実施していない業者の苗は信用してはならない．

なお私の坪千本切り栽培の実験では，苗業者の苗をそのまま切り花栽培用として植えるのではなく，それを前年の10月末に植えて採穂用の母株として育成しなおした．より充実した挿し穂，挿し芽苗を得るためである．5月中旬までに25本以上のよく充実した穂が採れた．穂を採ったあとの株は整枝をして切り花栽培し，9月から採花した．

挿し穂はできるだけ大きいのがよい．実用的には5g以上の穂を挿す．大きい穂ほど植え付け後の生長がはやく，二番花となる側枝が発生する位置も低い．

## 2. よい土の準備

植物は土がなくても，根に水と栄養と空気（酸素）が与えられるとよく育

つ．よい土というのは，無病であってこれらの三つを適当に含み，それを植物に過不足なく供給する土のことである．このなかで，栄養は土の中での適正濃度の幅が広く，しかもその量の変動が比較的ゆっくりしているので，適正な濃度範囲に維持するのがやさしい．植物の生長が盛んで栄養素の吸収が多いときでも，一度適量の肥料を与えると何日間かは肥料不足にならない．それに対して水と酸素の量は変動がはげしく，いい水分状態を維持するのがむずかしい．それは時間単位で変動するので，朝十分に潅水しても午後には水不足になることがある．結局，つきつめていえば，水と酸素を同時に多く含む土，物理性のよい土がいい土ということになる．

物理性のよい土というのは大小さまざまな大きさの隙間をもつ土であり，それは大小さまざまな大きさの団粒からなる土である．団粒構造が長くつづく土を準備しなければならない．そのためには，稲わら堆肥など分解のはやい有機物と，籾がらやピートモスなど分解の遅いものとを混ぜて大量に与える．そのうえで，適当に湿っているときに切り返すと団粒構造の土になる．未分解の有機物だけを与えたのでは団粒になりにくいし，分解の早いものだけでは栽培の途中で消えてなくなり，土がしまってくる．また，切り返すときに土が乾きすぎていても湿りすぎていてもよくない．乾きすぎているときに切り返すと粉になり，湿りすぎているとこね回すことになって，どちらにしても団粒にならない．

ていねいに土壌消毒をおこなう．蒸気消毒の場合，一度に消毒する面積と消毒時間に注意する．ボイラーの能力からみて一度に消毒する面積が広すぎると消毒時間が長くなり，蒸気を吹き込むところに近い部分が過消毒となって障害が現れる．理想的には，蒸気 100 kg/時あたり 1.2 m$^2$ ずつ消毒する．無病苗の使用と土壌消毒および清潔な栽培によって，立ち枯れ性の病害，とくに萎凋細菌病は根絶できる．土壌病害対策の基本は，無病の苗を無病の土に植え，あとで病気を入れないように清潔な栽培をすることである．この病気対策三原則を実施した私の温室では，10 年間にわたって株枯れはまったく出なかった．

ベンチで栽培する場合，ベンチの深さは 20 cm 以上とする．カーネーショ

ンの夏の水消費量（蒸散量＋土面蒸発量）は1日で10 mm（10 $l$/m$^2$）になることがある．適正潅水点（夏はpF 1.5～2.0）で潅水して新たに10 mmの水が保持されるには，有機物の多い土であっても20 cm以上の深さが必要である．ベンチが浅いと保持される水が少なく，夏は1日1回の潅水でも水不足になる．

### 3．定　植

前作の収穫が終われば，できるだけすみやかに改植する．カーネーションは10月から翌年の5月までに植えると，定植から開花までの期間はだんだん短くなる．そのために，定植がすこし遅れてもほとんど同じ時期に開花する．ところが6月から9月までは，定植が遅れるにしたがって開花までの期間が長くなり，定植が15日遅れると一番花は25～30日，二番花は30～40日も遅れて開花する．そのために採花数が少なくなる．この時期には，収穫が終わったところで休息するのではなく，定植がすんでからゆっくりと休む．

植え付け密度は，84 cm幅のベンチに6条植え，1 m$^2$あたり48株とする．適期の苗（根鉢の直径が3～4 cm）をできるだけ浅く植える．土はあらかじめ適湿にしておき，植え付け後はすみやかに潅水する．1回目の潅水はベンチの底から水が出るまでたっぷりと与え，2回目の潅水は土があまり乾かないうちにおこなう．3回目からは通常の潅水にする．

### 4．摘芯と整枝および採花法

植え付けの2週間後に5～6節で摘芯する．適期の苗（根の長さが1.5 cm以下）を浅く植え，その後の管理が適切であれば，1週間で茎が伸長しはじめ，普通は2週間で，遅くとも3週間以内に5～6節で折り取れるようになる．

側枝が伸びはじめたら，ベンチ外側の各1列は株あたり4本，2列目は3本，3列目つまり内側の2列は2本に整枝して，株あたり平均3本のシュートを生長させる．ベンチ1 m$^2$あたり144本，温室坪あたり288本となる．私が6月植え1回摘芯栽培で，株あたり仕立て本数とシュート密度について調べたところでは，開花までの日数や開花の揃い，切り花の品質，二番花と

なる側枝の発生位置と生長などからみて，2～3本/株，140～150本/$m^2$とするのが最もよかった．

一番花はよく生長した側枝を2本残して採花し，側枝はその2本だけを生長させて他は除去する．シュート密度は一番花の2倍になるが，生長がゆっくりしている秋から早春までは品質に対する密度の影響が小さいので，この程度（300本/$m^2$）の密度にしてもよい．

2月末までの二番花は，平均1本の側枝を残して切る．すなわち，よく生長している側枝が2本以上あれば2本残し，側枝の生長が悪いときには残さない．3月に入ると，3月20日に8節になると思われる側枝は残すが，それ以下のものは残さない．2月末日現在で6節，3月20日で8節にまで生長している枝でないと，5月末までに花蕾が着色しない．こうして，3月20日現在で，シュート数を1 $m^2$ あたり200本程度にする．

なお，5月末に花蕾が着色しているシュートは，蕾採花して処理液で開花させる．

## 5．施　肥

(1) 施肥の考え方

土壌中の栄養素濃度には，植物にとって最適濃度がある．土壌中の栄養素濃度が高すぎても植物の生長が悪く，低すぎると栄養素不足で，やはり生長がよくない（第35図）．だだし，植物がよく育つ栄養素濃度の範囲はかなり広いので，私はそれを適正濃度範囲と呼び，最適濃度よりもそちらのほうを重要視している．カーネーションの場合は生長と開花が同時に進行するので，実際の施肥管理では，土壌中の肥料濃度をこの適正範囲に維持しつづけるのが理想的である．

植え付け後，活着するまでは適正濃度範囲の上限が低く，活着して生長がはじまるとそれが高くなり，より高い濃度でもよく生長するようになる．したがって，水溶性の肥料を基肥として大量に与えるのはよくない．連作土壌の場合は，基肥には苦土石灰だけを与える．生長がはじまってから窒素やリン酸，カリなどを，土壌中の濃度が適正範囲を越えないように，「今日吸収される量を今日与える」または「昨日吸収された量を今日与える」つもりで施

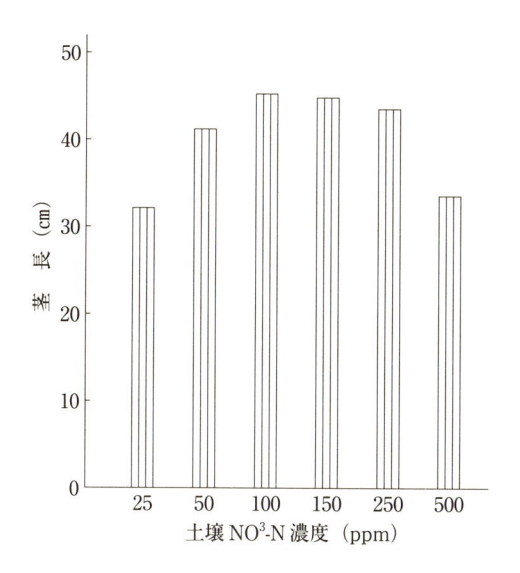

第 35 図　土壌中の硝酸態窒素濃度とカーネーションの生長（小西，1980，カーネーション生産技術，養賢堂）
摘芯後 58 日の茎長．硝酸態窒素濃度は生土容積（1：2）抽出法による．

肥してゆく．そのためには低濃度の液肥をひんぱんに与えることになる．固形の肥料では，適正濃度範囲に維持するのがむずかしい．有機の肥料ではそれがいっそうむずかしく，そのうえ立ち枯れ性の病害が発生しやすい．有機の肥料はいっさい用いない．

　植物は肥料を吸収するから育つのか，育つから吸収するのか．私たちがいろいろな種類の植物で実験したところでは，少なくとも窒素については，「育つから吸収し，吸収して育つ」ということができる．すなわち，'ノラ'を水耕で栽培し，培養液の窒素濃度を 50，100，200，300 ppm とし，吸収した量を 2 日ごとに補給しながらできるだけ同じ濃度に維持した結果は，どの濃度でも同じように吸収し同じように生長した．そこで，はじめは窒素を加えないでおき，100 ppm のものが吸収した量を 2 日遅れで与える区（$0+\alpha$ ppm）を設けて実験をくり返したところ，2 日遅れになるだけで，まったく同じように吸収して生長した（第 36 図，第 37 図）．水耕栽培では，培養液の窒素濃

III. 土壌・養水分管理

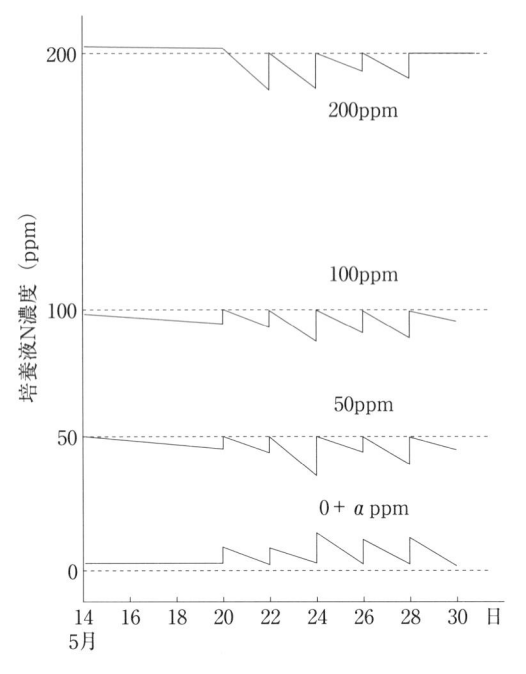

第36図 カーネーションの水耕栽培における培養液中の窒素濃度の変化
（小西国義，1987，農業および園芸，62巻12号，養賢堂）

度に下限はないことになる．リンやカリウム，カルシウムなどほかの栄養素にも，水耕栽培では下限濃度はみられなかった．一方，土耕栽培では，さきに第35図でみたように上限とともに下限がある．それは，土全体を分析すると窒素があっても，それを吸収している根が触れているところには窒素がなくなっているからであろう．いずれにしても，土壌中の栄養素濃度が適正範囲内にあり，植物の吸収した量が常に補給されておれば，植物は自分の体をつくるのに必要なだけ，すなわち生長量に見合っただけの栄養素を吸収するのである．栽培家は肥料で作物を育てようと考えがちであるが，それは間違っている．植物は「育つから肥料を吸収し，吸収して育つ」のであるから，光や水あるいは風通しなど，まずよく育つ管理を心がけるべきである．そして肥料については，土壌中の濃度を適正範囲内に維持するようにすればいい

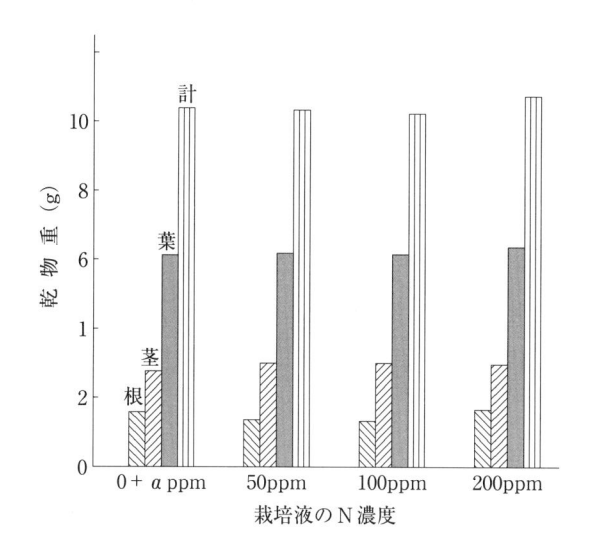

付3. カーネーションの良品・多収・安定生産―坪千本採花の栽培基準― （ 137 ）

第37図　培養液中の窒素濃度とカーネーションの部位別乾物重（小西国義，1987，農業および園芸，62巻12号，養賢堂）

のである．それには，植物の吸収速度に合わせて，昨日吸収された量を今日与えるような施肥をすればよい．

　正常に生育しているカーネーションやキクが単位生長量あたりに吸収する窒素の量は，たとえば乾物100gあたりおおよそ3gというように，ほぼ一定である．そのために植物の窒素吸収曲線はその生長曲線とよく一致し，生長がさかんなときほど多く吸収される．したがって，植物の生長曲線に合わせて施肥すればよい．カリウムやカルシウムなどほかの栄養素は，窒素と違って土壌中にそれがあれば必要以上に吸収されるが，単位生長量あたりに必要な最低量がある．その必要最低量を生長曲線に合わせて与えればよい．それによって，土壌中の肥料濃度は適正範囲に維持されるし，肥料のむだがない．

　初夏植えのカーネーションは，第38図のように，8～10月と4～5月に最も旺盛な生長をするSS字型の生長曲線を示すので，この曲線に合わせて施肥することになる．ただし，この図の曲線では11月から3月までの生長が

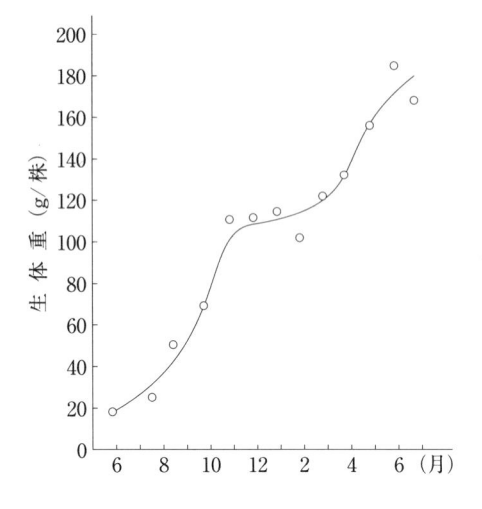

第38図 カーネーションの生体重増加（三浦泰昌ほか，1969，神奈川園試研報17号の表より小西国義が計算，作図）品種：ピーターフィシャー，5月23日植え．

あまりよくない．それは，冬の低温・低照度と一番花の採花とが重なったからである．ここで述べているような栽培をして9～11月に一番花を切り，12月から二番花を採花するときには，10～11月に一時的に生長（重量増加）速度がにぶり，そのあとは冬もこれよりよく生長する．したがって，冬も肥料切れを起こさないように施肥する．

（2）施肥の仕方

6月植え12か月型栽培の年間の施肥量をベンチ1 m$^2$ あたり窒素（N），リン酸（P$_2$O$_5$），カリ（K$_2$O），石灰（CaO），苦土（MgO）でそれぞれ150，75，150，150，55 g，ほかにホウ素（B）を微量とし，これを標準施肥量とする（以下，施肥量はすべてベンチ1 m$^2$ あたりで計算する）．これは普通の施肥設計の1.5倍ぐらいになっているが，目標とする切り花の本数および重量が普通の2倍であるので，施肥量は当然多くなる．この施肥量は単なる目見当ではなく，切り花重量から計算した1年間の生長量に見合った量である．重量でみた全生長量の70 %が切り花になる．いま切り花本数がベンチ1 m$^2$ あたり500本，重量が1本40 gで20 kg，その乾物率が17 %，窒素の対乾物割合が3 %とすると，窒素の必要量は146 gになる．そこで，窒素施与量を150 gとする．ほかの栄養素の施与量は，窒素10に対する最低必要量の

付3. カーネーションの良品・多収・安定生産—坪千本採花の栽培基準—

割合から，リン酸5，カリ10，石灰10，苦土5.5とする．

　窒素，リン酸，カリは基肥なしで全量を追肥として与える．ただし，新しい土の場合はリン酸75gを基肥に施与し，そのうえで上記75gを追肥として与える．最適土壌栄養素濃度は植え付けご活着までは低く，活着して生長がはじまるとより高い濃度でもよく生長するようになる．植え付けたときの土壌中の肥料濃度が高いと活着が遅れるので，水によく溶ける肥料は基肥としては与えない．

　石灰は基肥に120gを与え，残りを10，12，2，3，4月に追肥する．苦土は全量基肥でもよく，また1/3を基肥とし，2/3を追肥にしてもよい．ホウ素は低濃度でひんぱんに与えるのがよいのであるが，硼酸1gを基肥に，0.5gずつを2回追肥してもよい．

　窒素，リン酸，カリの追肥は，比率が10：5：10の液肥を1回に窒素3gずつ，約50回にわけて与える．6月上旬植えの場合，月別の追肥回数を次のようにする．

6月 2回　　9月 6回　　　　12月 3回 (Ca)　　3月 5回 (Ca, B)
7月 4回　　10月 5回 (Ca, B)　1月 3回　　　　4月 6回 (Ca)
8月 6回　　11月 4回　　　　 2月 4回 (Ca)　　5月 3回
　　　　　　　　　　　　　　　　　　　　　合　計 51回

　普通は5月には追肥をやめ，土壌中の肥料濃度を下げて次の作付けに備えるのであるが，この場合は，さきに述べたように5月末の採花終了時に花蕾が着色しているものは蕾採花して処理液で開花させるので，5月中旬まで追肥をつづける．

　肥料の成分割合は少し異なるが，OK-F-1 (15-8-17-6-2％，ほかにMn, Bが微量) を用いてもよい．この場合，基肥には苦土石灰275gを与える．OK-F-1はカルシウムやホウ素を含んでいるので，追肥はこの肥料だけを1回に20g (窒素3g) ずつ与えればよい．基肥と上記51回の追肥を合計すると，窒素153g，リン酸76.5g，カリ173.4g，石灰185.2g，苦土75.4

gとなる.

　この方式の施肥をおこなえば，土壌中の肥料濃度を適正範囲に維持するのは比較的にやさしい．私たちがキクで調べた土壌中窒素の適正濃度範囲は，土$1 m^3$あたり15～80gであった．この濃度範囲に保とうとすれば，深さ20 cmのベンチでは$1 m^2$あたり3gから16gの間にしておけばいいことになる．かりにある時点での窒素量がその中間の9.5gであったとして，1回の施肥量3gのうち，0.5gが吸収されないで残ったとしても，上限の16gになるまでには13回かかることになる．施肥間隔の平均は7日であるから，約3か月の余裕がある．私はこの方法で5年間栽培しつづけ，土壌分析もおこなったが，肥料の過剰や不足は一度も起こらなかった．

　なお，あとで述べるようにカーネーションの年間潅水量は約1,500 mm（ベンチ$1 m^2$あたり1,500$l$）であるから，潅水のたびに肥料を与える潅液栽培（養液土耕栽培）をしようとすれば，窒素濃度を平均100 ppm（水$1 l$に0.1 g）にすればよい．ただし，見かけの吸収濃度は夏は低く冬は高いので，夏はこれよりも低濃度にし，冬は高濃度にするのがよかろうと思われるが，正確なことは分かっていない．肥料の適正濃度範囲が広いので，年間をとおして窒素100 ppmで施与してよいのかも知れない．

### 6．潅　　水

　土の中の水についても最適土壌水分レベルがある．水が多すぎると逆に酸素が不足して根の活動が弱くなり，水が不足すると植物体内の水分も少なくなって植物は生長できない．体内水分が不足したとき，なによりもさきに現れる影響は生長速度の減退である．

　カーネーションやキクの最適土壌水分レベルは，夏の昼間に調べたところでは，土壌水分張力でpF 1.2～1.4であった．しかし，これはそのときどきの気象条件によって異なる．同じ土壌水分レベルであっても，蒸散作用が促進される条件のもとでは植物体内の水が少なくなるからである．植物にとっては，土壌中の水よりも体内水分のほうが重要であり，それが不足すると生長が悪くなる．細胞の分裂と肥大には豊富な水が必要だからである．夏の晴天日の日中には，土の中には十分な水があっても植物体内は水不足になってい

て，生長できないのが普通である．夜は蒸散量が少なくなり，体内水分が回復して生長する．植物が夜に生長するのはこのためである．

　土壌水分に最適レベルがあったとしても，それを維持しつづけるのは不可能である．実際には，土がちょうどよく乾いたときに水をやるよりほかに，よい方法はない．植物が最もよく生長するように灌水しているとき，灌水前の土の乾きぐあいを適正灌水点という．カーネーションの夏の適正灌水点はpF 1.5～2.0であり，このとき土の表面はまだいくらか湿っている．冬はpF 2.5ぐらいまで乾かしてもよい．「乾かしてもよい」のであり，「乾かすのがよい」ではない．冬はpF 2.0～2.5で灌水する．

　1回の灌水量は10 mm，ベンチ1 $m^2$ あたり10 $l$ とする．ベンチの底から水がいくらか流れ出るように灌水する．灌水点は6～10月がpF 1.5～2.0，11～1月はpF 2.0～2.5，2月以降は再びpF 1.5～2.0とする．冬から春への季節の変わり目は，温室の中では節分である．水不足にならないように注意が必要である．

　カーネーションの生産性は定植から秋までの養水分管理によって決まる．とくに，土壌中の栄養素濃度を適正範囲に維持しているとき，生長速度に最もつよく作用するのは水である．8～9月の晴天日には水消費量が8 mmを越えるから，ほとんど毎日か，3日に2回灌水するぐらいがよい．2～3日に1回の灌水でもよく生長しているようにみえるが，実際には水不足になっていることが多い．とくに発蕾ごろまでは十分に灌水することが大切であり，花蕾がみえてから灌水を多くしても，生育の遅れはもう取り戻せない．冬の灌水にはあまり神経質になる必要はない．土が乾きぎみであっても，植物体内は水不足になりにくいからである．

　このような灌水をすると，年間の灌水回数は約150回，灌水量は約1,500 mmになる．私が坪千本切りを目標にして5年間にわたってこの栽培をくり返し，毎回の灌水量を記録したところ，年間の灌水量は1,500 mmから1,550 mmの間にあった．

## 7．温度と光

　冬から春の生育は温度に強く影響される．冬は12℃ぐらいに暖房する．

暖房開始の時期（季節）や時刻は早めにし，自然の温度から暖房温度にそのまま移るようにする．自然温度が暖房温度を大きく下回ってから暖房をはじめると温度の変動が大きく，それはがく割れの原因となる．4月も暖房する．

　冬の晴天日の昼間の温度は20〜22℃を目標に管理する．光の弱いところ（イギリスやオランダ）では18℃がよいとされるが，冬の光が強い日本の西南部では，晴天日に20℃より低くする必要はない．

　カーネーションは光が強いほどよく生長する．夏の日中でも，わずかな減光で生長が悪くなる．私は日中の葉温を下げようとして，11時から14時までの3時間だけ黒のかんれい紗1枚（40％減光）で覆ったことがあるが，それでも目に見えて生長が悪かった．できるだけ多くの光に当てるように工夫することが大切である．もちろん，通風もよくする．

## 8．実際栽培での成績

　以上が坪（3.3 m$^2$）千本切りの栽培基準である．次に実際栽培の結果を紹介しておく．私は5年間にわたって実験をくりかえしたが，最高は8月末まで露地においたときのベンチ1 m$^2$あたり617本，24 kgであった．ここに紹介するのはそれではなく，3年間の据え置き栽培をしたときの結果である．

### (1) 耕種概要

　　品　種：ノラおよびタンガー
　　ベンチ：幅83 cm，長さ120 cm，深さ24 cm，南北に配置．その南側に46 cmの番外．

第11表　6月上旬植え12か月型栽培の採花計画

| シュート | 採花時期 | 株あたり採花数(本) |
|---|---|---|
| 一番花 | 9〜11月 | 3 |
| 二番花-a | 12〜1 | 3 |
| 二番花-b | 1〜3 | 3 |
| 三番花 | 3〜5 | 3 |
| 合　計 | 9〜5 | 12 |

注　二番花のaとbは2本残したうちの生育の早いものと遅いもの．

付3. カーネーションの良品・多収・安定生産―坪千本採花の栽培基準― ( 143 )

第12.1表 'ノラ'の時期別切り花数（本/m² ベンチ）と切り花品質（小西国義原表）

| 月 | 切り花数 | 同累計 | 切花節数 | 平均切り花長 (cm) | 平均切り花重 (g) | 切り花重累計 (g) |
|---|---|---|---|---|---|---|
| 1987～1988 (新植1年目) | | | | | | |
| 8 | 1 | 1 | 7.0 | 27.0 | 14.7 | 15 |
| 6 | 88 | 89 | 6.2 | 29.6 | 15.4 | 1,367 |
| 10 | 48 | 137 | 6.4 | 42.7 | 19.4 | 2,296 |
| 11 | 21 | 158 | 6.9 | 51.0 | 21.5 | 2,748 |
| 12 | 18 | 176 | 7.4 | 51.3 | 29.5 | 3,280 |
| 1 | 44 | 220 | 7.7 | 48.1 | 31.5 | 4,664 |
| 2 | 36 | 256 | 7.3 | 50.1 | 31.6 | 5,801 |
| 3 | 37 | 293 | 8.5 | 60.8 | 38.1 | 7,212 |
| 4 | 98 | 391 | 10.3 | 70.9 | 44.9 | 11,616 |
| 5 | 137 | 529 | 12.0 | 76.1 | 43.5 | 17,618 |
| 6 | 43 | 572 | 12.0 | 77.4 | 38.9 | 19,289 |
| 1988～1989 (据え置き2年目) | | | | | | |
| 8 | 4 | 4 | 10.8 | 41.3 | 22.9 | 91 |
| 6 | 83 | 87 | 8.7 | 42.4 | 22.6 | 1,965 |
| 10 | 40 | 127 | 7.1 | 47.3 | 23.3 | 2,898 |
| 11 | 11 | 138 | 7.8 | 53.4 | 28.8 | 3,214 |
| 12 | 14 | 152 | 7.8 | 53.1 | 33.4 | 3,681 |
| 1 | 68 | 220 | 7.9 | 55.0 | 35.7 | 6,110 |
| 2 | 45 | 265 | 9.4 | 60.1 | 37.8 | 7,811 |
| 3 | 41 | 306 | 10.1 | 64.9 | 42.8 | 9,605 |
| 4 | 69 | 375 | 11.0 | 70.7 | 50.6 | 13,098 |
| 5 | 127 | 502 | 11.1 | 71.5 | 45.1 | 18,825 |
| 6 | 33 | 535 | 11.9 | 72.4 | 41.4 | 20,192 |
| 1989～1990 (据え置き3年目) | | | | | | |
| 8 | 56 | 56 | 7.6 | 40.9 | 19.8 | 1,108 |
| 6 | 106 | 162 | 7.8 | 45.9 | 19.4 | 3,161 |
| 10 | 36 | 198 | 9.4 | 51.7 | 24.6 | 4,046 |
| 11 | 27 | 225 | 9.7 | 59.7 | 27.8 | 4,798 |
| 12 | 17 | 242 | 10.3 | 62.1 | 35.6 | 5,404 |
| 1 | 26 | 268 | 11.8 | 60.7 | 39.8 | 6,437 |
| 2 | 51 | 319 | 12.7 | 62.7 | 41.7 | 8,567 |
| 3 | 59 | 378 | 14.5 | 67.0 | 46.1 | 11,287 |
| 4 | 51 | 429 | 15.6 | 71.6 | 52.7 | 13,974 |
| 5 | 120 | 549 | 15.1 | 78.3 | 50.3 | 20,014 |
| 6 | 26 | 575 | 14.6 | 82.2 | 49.3 | 21,295 |

III. 土壌・養水分管理

第12.2表 'タンガ' の時期別の切り花数（本／m² ベンチ）と切り花品質（小西国義原表）

| 月 | 切り花数 | 同累計 | 切花節数 | 平均切り花長 (cm) | 平均切り花重 (g) | 切り花重累計 (g) |
|---|---|---|---|---|---|---|
| 1987〜1988 （新植1年目） | | | | | | |
| 8 | | | | | | |
| 6 | 6 | 6 | 103 | 51.4 | 21.0 | 126 |
| 10 | 87 | 93 | 9.0 | 55.2 | 26.6 | 2,444 |
| 11 | 49 | 142 | 8.1 | 58.5 | 28.4 | 3,836 |
| 12 | 13 | 155 | 8.1 | 54.3 | 35.1 | 4,292 |
| 1 | 20 | 175 | 8.3 | 60.5 | 41.4 | 5,120 |
| 2 | 86 | 261 | 9.1 | 62.7 | 41.2 | 8,660 |
| 3 | 112 | 373 | 10.3 | 68.5 | 46.6 | 13,883 |
| 4 | 75 | 448 | 11.3 | 72.5 | 48.0 | 17,480 |
| 5 | 105 | 553 | 11.2 | 71.6 | 46.8 | 22,390 |
| 6 | 37 | 590 | 12.3 | 73.1 | 16.1 | 24,094 |
| 1988〜1989 （据え置き2年目） | | | | | | |
| 8 | 3 | 3 | 8.3 | 59.3 | 17.3 | 52 |
| 6 | 75 | 78 | 8.0 | 57.6 | 16.4 | 1,283 |
| 10 | 80 | 158 | 9.5 | 67.5 | 21.7 | 3,021 |
| 11 | 30 | 188 | 10.2 | 73.4 | 27.1 | 3,834 |
| 12 | 32 | 220 | 10.0 | 76.0 | 35.0 | 4,955 |
| 1 | 34 | 254 | 10.5 | 74.6 | 43.6 | 6,351 |
| 2 | 24 | 278 | 10.9 | 71.0 | 47.9 | 7,501 |
| 3 | 73 | 351 | 13.1 | 71.1 | 50.5 | 11,188 |
| 4 | 92 | 443 | 14.0 | 74.2 | 50.9 | 15,874 |
| 5 | 133 | 576 | 13.7 | 77.6 | 48.4 | 22,313 |
| 6 | 36 | 612 | 13.1 | 78.5 | 45.0 | 23,933 |

栽植密度：6条植え，株間15 cm．ベンチ1 m² あたり48株，番外18株．

定　植：1987年6月2日．

整　枝：ベンチ外側各1列は株あたり4本，2列目は3本，3列目は2本，平均3本．合計　1 m² あたり144本．

その他の管理：本文に同じ．ただし，暖房は10月中旬から4月上旬まで．

据え置き栽培：5月下旬〜6月上旬に切り戻して，同じ管理で栽培を継続．

付3. カーネーションの良品・多収・安定生産―坪千本採花の栽培基準―

### (2) 採花計画

私は第11表のような採花計画をたてた.

もしこのとおりなら, 12本/株×48株/$m^2$ = 576本/$m^2$になるはずである.

### (3) 結　果

切り花の本数と品質は第12.1表および第12.2表のようであった. ただし, 6月5日現在で花弁が着色しているものは蕾採花して処理液で開花させ, それを加えてある. 結果はさきの採花計画どおりである. また, この方法で栽培した場合, 据え置いて栽培しても3年間は生産性が下がらず, 安定して良品質の切り花が生産された. 2年目, 3年目のほうが, 採花初期の切り花重が大きかったために, 重量でみた生産量はむしろ増加した.

多収栽培の場合, シュート密度を高くする方法では品質が悪くなるが, この方法のように生長をはやめて, 1年間で二番花を切りおわり三番花の一部まで採花するときには, 品質は悪くならない. 良品と多収は完全に両立する.

## IV. 苗生産

　日本では1980年代から，切り花や鉢花といった成品（完成品）のほかに，半成品の苗が商品として生産され，取引されるようになった．成品生産と苗生産とが一番早く分離したのはカーネーションである．カーネーションの場合は，切り花生産者が自分で苗をつくるよりも専門の苗業者からそれを購入するほうが省力化，経営の合理化になるからでもあるが，さきに述べたように無病の苗が必要となり，一般の切り花生産者にはそれをつくるのがむずかしかったこと，品種登録制度がすすんで切り花生産者による苗の増殖がむずかしくなったことなどが切り花生産と苗生産の分離を促進した．専門的な苗生産はその後トルコギキョウ，スターチス類，ガーベラその他多くの種類に広がり，最近ではいわゆるガーディニングブームとともに花壇や鉢，プランター用の苗が大量に生産されるようになっている．野菜も家庭菜園用の苗が大量に販売され，営利栽培用の野菜苗さえ販売されるようになりつつある．

　花卉園芸の分野では，繁殖や球根を含む種苗生産の問題は古くから重要な課題であり，それについては多くの研究がおこなわれてきた（第3表参照）．ところが，専門の苗業者が現れて採種や育苗の技術を開発するようになり，大学や試験場では組織培養については研究するが採種や苗生産のその他の問題についてはあまり研究しなくなった．苗業者は大学や試験場の研究成果は利用するが，自分が開発した技術は秘密事項として公表しないのが普通である．こういうことのために，採種と繁殖および苗生産の問題については新しい知識の蓄積が少なくなり，大学での講義の材料にも事欠くようになっている．古い時代の研究成果を紹介したあとで，最近のことについては，「種子や苗は信用のある業者から買いなさい．」と言って，一言で講義を済まさなければならないときがくるのではないかと私は心配している．若い人たちに研究するようにすすめてみたが，取り上げてくれる人がいない．そこで，私自身が苗生産の問題について研究することにした．その後，私の共同研究者であった後藤丹十郎がその研究をしている．ここでは，その成果のあらましを簡

単に述べる.

## 1. 植物の生育からみた移植適期と作業性からみた移植適期

　成品生産と苗生産の分離におおきく貢献したのは，セル成型トレイ（いわゆるプラグトレイ）と軟質のプラスチック鉢（普通はポリ鉢）の普及である．ポリ鉢の利点と欠点についてはあとでふれることにして，まずセル成型トレイ（以下セルトレイ，その苗をセル苗と言う）による苗生産の問題について述べる．セル苗生産では，用土や養水分管理などについても検討したが，ここでは植物の生育からみた移植適期と移植作業の能率からみた適期の問題だけを取り上げる．

　ただ一言だけ養水分管理についてはじめにふれておけば，潅水のたびに肥料を与える潅液栽培をするときの適正な養液濃度は，苗生産のほうが切り花栽培のときよりも高い．さきにカーネーションの潅液栽培では平均的にみて窒素 100 ppm の養液を与えればよかろうと述べたが（140頁），キンギョソウの育苗で調べたところでは夏は窒素 120 ppm，冬は 160 ppm ぐらいがよかった．苗生産のほうが養液の適正窒素濃度が高いのは，すでに生長をやめている植物体部分が少なくて全植物体に占める生長している部分の割合が大きく，そのために植物体の窒素含有率が高いこと，また密植状態で栽培するので土面蒸発量が少なく，水消費量も少ないことによるのであろう．

　ところでセル苗の移植の適期は，一般に作業性つまり移植作業のしやすさによって決められている．根がセル壁にそって回り，苗を抜き取って用土が崩れなくなったとき，すなわち根鉢が形成されたところで移植している．

　一方，セル苗の生産にあたっては，トレイあたりの苗数が多いほど生産コストが安くてすむ．そのためにできるだけ小さなセル容量のトレイが用いられる．ところがセル容量が小さいと苗の生長停滞が早く起こり，生長が停滞した苗は移植後の生長回復も遅れる．そして，セルで育苗しているときの苗の生長停滞は意外に早く起こる．常識的には根がセル内に充満し，いわゆる

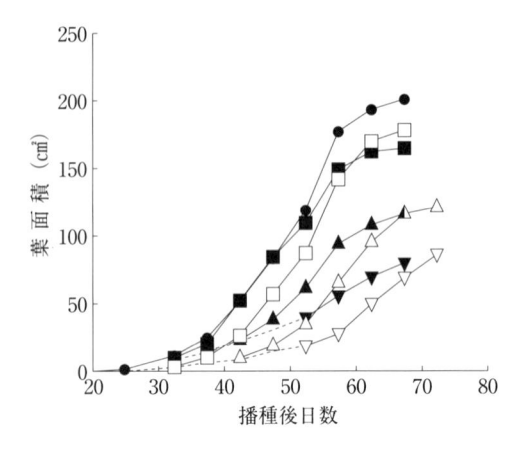

第39図　セル容量と移植時苗齢がキンギョソウの育苗中および移植後の生育に及ぼす影響（後藤丹十郎ほか，1999，岡山大農学部学術報告，88号）
●：プランターに直接播種，■：セル容量12 m$l$，32日育苗，▲：同42日育苗，▼：同52日育苗，□：セル容量6 m$l$，32日育苗，△：同42日育苗，▽：同52日育苗
根鉢形成時期　6 m$l$ セル：42日後，12 m$l$ セル：47日後

根詰まり状態になったら生長が停滞しはじめると考えるのが普通であるが，実際にはそれよりもずっと早い．私たちがキンギョソウやストックで調べたところでは，セルの大小によって展開した子葉の大きさにさえ違いがみられた．

　第39図はキンギョソウについて，セル容量が育苗中および移植後の生長（葉面積増加）に及ぼす影響をみたものである．破線は育苗中，実線は移植後を示している．それによると，セル容量が6 m$l$ では播種後32日には，プランターに直接播種した対照区よりも葉面積が小さく，12 m$l$ セルでも播種37日目には対照区との間に差がみられた．ただしこの時点ではまだ根鉢が形成されておらず，その苗をプランターに移植すると生長の回復が早く，生長速度（ここでは曲線の傾斜度）も対照区に劣らなかった．ところが，根鉢が形成されたあと，すなわち6 m$l$ セルでは播種後42日，12 m$l$ セルでは47日よりもあとで移植したものは生長回復が遅れ，生長速度も低いままであった．移植後の生長曲線の傾斜度が小さいことがそれを示している．

なかにはキクやカーネーションの挿し芽苗のように，根鉢が形成されて根がセル内に回り，生長停滞が起こってしまってから移植しても，その後の生長速度にはあまり差がない種類もある．これらでは，育苗中の生育の遅れは取り戻せないが移植後の生育があまり停滞せず，早植えと同じような速度で生長するので良質の切り花になる．しかしながら多くの種類では，根鉢が形成されて移植しやすくなったとき，すなわち作業性からみた移植の適期は，植物の生育からみるとすでに移植適期を過ぎているのが普通である．セル苗生産には，ここに大きな問題がある．なんらかの方法で生長停滞が起こる前にセル用土が崩れないようにして，植物の生育からみた移植適期と作業性からみたそれとを一致させれば，この矛盾は解決されるだろう．次に述べる機械植え用のキク苗生産で，その方法の一つを紹介する．

なお，セルやポットで育苗してすでに生長停滞が起こった苗を普通は「老化苗」とよんでいるが，「老化」という言葉には植物（動物を含めて生物）が死へ向かってすすむ不可逆的な現象をさす特別な意味があるので（第II章付1参照），私は話し言葉では「移植適期を過ぎた苗」，書き言葉では「過適期苗」ということにしている．

## 2．キク移植機の開発と機械植え用苗の生産

日本の切り花ギクの市場価格は，欧米のそれに比べて約2倍になっている．これを高いとみるか安いとみるかは，人それぞれの立場で異なるだろう．私は，現在の為替レートや日本の土地および施設費と労賃が欧米諸国に比べて高いことからみて，日本の花が特別に高いとは思っていない．また，日本の省力技術がとくに劣っているとも考えられない．1980年代の中ごろ，1ドルが240円であった時代にはほぼ国際価格になっていた．そのころは，「われわれは花卉生産の近代化を図り，それに成功した．」と言って喜んでいた．その当時でも，日本の穀物その他の農産物は諸外国に比べてずいぶん高かった．これを逆にいえば，欧米の場合も，ほかの農産物に比べると花の生産費は高いということになる．それは，世界的に共通して，花の栽培には手作業が多いからである．世界中どこでもキクは手で植え，手で収穫してい

る．

　キクは光の強い季節には10 a あたり5万本，それが弱い時期には4万本，平均的にみて4万5千本の花を切っている．そのために，摘芯して株あたり2～3本仕立てとするときでも1万8千から2万本の苗を，無摘芯栽培の場合は切り花の数と同数の苗を植えている．10 a あたり4万5千本というのはイネの2.2倍であり，その定植労力は90時間を越え，摘芯栽培で2万本を植えても58時間かかるという調査報告がある（森岡，1992）．苗数と定植労力を節約しようとして摘芯栽培をし，苗1本から2～3本の切り花を切ろうとすると，摘芯の労力が22時間，出てきた側枝を整理する整枝の手間が95時間にもなる．労働時間だけではない．労働の質も問題である．定植，摘芯，整枝というこれら三つの作業はいずれも中腰でおこなうので，それには非常な苦痛が伴う．そこで，これらの作業の苦痛を取り除き省力化を図るために，岡山のある農業機械メーカーと提携して，キク苗の移植機の開発とそのための苗つくりを研究した．1965年に大学（香川大学）に勤めるようになったとき，私はカーネーションの技術革新にかかわった．停年も間近くなった今度は「卒業論文」として，日本で最も主要な花卉であるキクの技術革新をしてやろうと考えた．その手はじめがキクの機械移植である．

　キクの生産は，この20年あまりの間に沖縄県で急速に増えたが，それを推進したのは沖縄県花卉園芸農業協同組合（沖縄県花卉農協）である．その組合員は平均で70 a 以上のキクを栽培している．多い人は2 ha にもなる．そして，早春の出荷を中心とした沖縄県の栽培方式では定植の時期が10～11月に集中して，作業がきつすぎるということが問題になっていた．とくに定植や摘芯，整枝の作業を中心になっておこなう女性たちの間では腰痛が職業病になっているほどで，「自分一代はしょうがないからキク作りをするが，子供たちにはやらせたくない．」というのが母親たちの声であった．これはなにも沖縄だけのことではない．全国的にみても，キク栽培農家には後継者が少なく，バラやカーネーションに比べて生産者の老齢化がはげしい．

　1992年3月に，田植え機やタマネギ移植機で名が知られているその農業機械メーカーの社長に会ったとき，「キクの移植機はどうでしょうかね．」と

キク移植機の開発を提案した．花のなかではキクがその生産量と植え付け苗数が一番多いことから，社長は乗り気であった．同じ年の5月に沖縄に行く機会があって沖縄県花卉農協の組合長に会い，女性たちが上に述べたような意見をもっているという愚痴を聞いた．私は，「なあに，組合長さん．いまキクの移植機を開発中だから，あと1〜2年のうちにキクは機械で植えるようになる．」と開発中でもないのにほらを吹いて帰った．組合長はその話に飛びついてきて，その農業機械メーカーを紹介して欲しいということで，1カ月もたたないうちに岡山にやってきた．

組合長と営農指導部長を連れてその農業機械メーカーを訪ね，キク移植機の開発を正式に提案，依頼した．そのとき，同社の創業者である故会長が，花についてはまったくの素人だがとことわりながら，「沖縄では10aあたり何本のキク苗を植えていますか．」と質問した．それに対して，営農指導部長は「1万8千本から2万本植えています．」と答えた．そこで会長が言ったのは，「沖縄ではイネと同じ数の苗を手で植えていますか．へえー，沖縄ではねえー．」という言葉であった．私は，沖縄だけでなく日本中が，いや世界中が手で植えていることを指摘したのであるが，会長の言葉を聞いて頬っぺたをひっぱたかれたような気がした．花の栽培技術は農業のほかの部門に比べて進んでいると自負していたのであるが，機械化の面ではまったく遅れていることを悟った．

農業機械メーカー側は，世界中がそうであるならばということで，移植機の開発に取り組むことになった．私は機械のことは分からないので，機械が植えることのできる苗の生産方法の研究を担当した．そのとき，私が機械開発担当者に出した課題は，「10a5万本以上の苗を植える機械」ということであった．従来のキク苗の植え方，つまり畝間や条間あるいは株間は十人十色といっていいほどさまざまであり，その一つひとつに対応できる機械を開発することは不可能である．「機械が開発されれば，生産者はそれにあわせて植え，それにあった栽培をするから，とにかく10a5万本の苗を植える機械を開発して欲しい．」というのが私の提案であった．10aあたり5万本というのは，無摘芯栽培に対応した栽植密度である．5万本を植えきれない機械

では摘芯栽培になる．それでは，定植のあとに摘芯と整枝という腰の痛い作業が残るので，機械植えの利点が半減してしまう．

　一方，苗生産の側の課題は，生産性が高くて機械が植える苗ということのほかに，セル苗1本の用土代を1円以下にすることであると考えた．機械植えで無摘芯栽培をするとなると，切り花と同じ数の苗が必要になる．1本の苗が1本の切り花にしかならないので，苗生産コストが高いと無摘芯栽培がむずかしい．機械植え無摘芯栽培用の苗の生産費は，営業費を含めても10円以下でなければならないだろう．挿し穂生産と挿し芽作業その他を合理化するとともに，挿し芽用土も特殊で高価なものであってはいけない．

　はじめは，切り花生産者の立場から私が「このような苗を植える機械が欲しい．」と言い，機械屋の側は「このような苗なら植えることができる．」というところから出発した．両方がどこで折り合うかが問題であった．機械はタマネギ移植機の改良型である．私が理想的だとするはじめの苗は，機械は植えきれなかった．キクの挿し芽発根苗は数枚の大きな下葉をもっている．その大きな葉と葉がからんで，機械はときどき2本いっしょに植えたり，あるいは植えた苗を引き抜いたりした．また，約8cmぐらいの長い苗で，そのうえ茎が曲がっていないものしか植えきれなかった．さらに，育苗は機械の部品ともいえるセル成型トレイでおこなうのであるが，若苗でまだ根がセル内に十分に発達しておらず，根鉢が崩れやすいものは植え付けに失敗した．挿し芽後，20日ぐらいで，根がよく発達して根鉢が崩れなくなった苗は植えたが，切り花生産者からみると，そういう苗は過適期苗である．発根すればできるだけ早く植えるのがよい．

　その後，成型トレイをセルサイズの大きなものに変え，草丈の短い苗や葉が大きくて互いにからむ苗も植えるように機械が改良された．詳しいことは省略するが，葉をちぎってでも1本ずつ植えるようになった．一方，苗のほうは，挿し芽用土を化学薬品で固める方法を考案した．この土壌凝集剤を使うと，根がまったく出ていなくても用土は崩れない．こうして，1年もたたない1993年4月には試作1号機ができ，沖縄に運んで試験植えをした．機械は，かなり大きな土塊（つちくれ）のある露地圃場でも，ほぼ95％までは

正常に植えた．このときは，でき上がった苗の用土を植え付け直前に凝集剤で固める方法をとった．

さらに機械を改良し，育苗では前もって凝集剤を加えた用土に挿し芽するなど，機械と苗作りの両方が改善された．植え付け直前に用土を固める方法では，その処理に手間がかかる．挿し芽まえに処理する方法をとると，土壌凝集剤を混合した用土を機械でセルトレイに詰めることができ，作業能率は大幅に改善される．

なお，セル用土を薬品で固めるこの方法は，手作業によるセル苗の若苗移植にも利用できる．さきに，移植のしやすさからみた移植適期，すなわちセルから苗を取り出して根鉢が崩れなくなったときは，植物の生育からみるとすでに移植適期を過ぎていると述べた．用土を薬で固め，たとえばセルの底から用土を押し出すかピンセットのような道具でそれをつまみ出すかすれ

第13表 機械植え小ギク栽培での10aあたり所要労力（沖縄県花卉農協の協力により，小西国義が計算，作表）沖縄県名護市，1993年11月18日植え

| 作業名 | 手植え摘芯[a]<br>（時間） | 手植え無摘芯[a]<br>（時間） | 機械植え無摘芯[a]<br>（時間） |
|---|---|---|---|
| 採穂・調整 | 18 | 43 | 43 |
| 挿し芽 | 24 | 58 | 99[b] |
| 定植準備[e] | 62 | 56 | 58 |
| 定植 | 41 | 102 | 13[c] |
| 摘芯 | 10 | | |
| 側枝整理 | 38 | | |
| ネット調整[e] | 24 | 24 | 24 |
| 薬剤散布[e] | 33 | 33 | 33 |
| 灌水 | 31 | 31 | 31 |
| 追肥 | 28 | 8 | 8 |
| 一般管理 | 40 | 27 | 27 |
| 収穫・出荷 | 290 | 231[d] | 231 |
| 跡地整理 | 31 | 28 | 28 |
| 合計 | 670 | 641 | 595 |

[a] 各区10a，摘芯区18,244本，無摘芯区45,560本．
[b] トレイに用土を入れるのが手作業なために多い．いまは機械詰め．
[c] 植え付けの実労働は3時間．トレイの運搬，機械の移動と洗浄を含む．機械に慣れないために時間が多い．慣れれば半減する．
[d] いっせい刈り取り収穫のために時間が短縮された．
[e] 露地栽培のために定植準備やネット調整，薬剤散布の時間がハウス栽培より多い．

ば，発芽直後の苗でさえ移植できる．

　こうして機械と育苗方法を改善したうえで，1993年11月にその改良機をもって沖縄へ行き，実際の露地生産畑で，しかも現地で育成された苗を使って植え付け試験をした．試験区は1区10 a とし，手植え摘芯区（18,244本），手植え無摘芯区（45,560本），機械植え無摘芯区（45,560本）の3区とした．それぞれの区の所要労力は第13表のようである．

　機械は約4万6千本の苗を3時間で植え，植え付け成功率は98％であった．機械の運転手に苗を補給する補助者がついて2人で作業をし，畑までの苗の運搬と機械の出し入れおよび使用後の手入れを加えた労力が13時間であった．定植作業そのものは，2人で3時間，つまり10 a 6時間ということになる．なお手植えには，畑までの苗や人の移動時間は加えていない．機械そのものは1秒間に10本の苗を植え，机上の計算では1時間20分ということであったが，220セルトレイで育苗したので機械は22秒で植え付けを休

第40図　キクの機械移植の状況（小西国義原図）
株間6 cm 以下でも植えることができる．植え付け部の位置を右か左にずらして往復すると，1畝に4条植えになる．

み，苗の補給にそれ以上の時間を必要とした．それでも，機械植えに慣れないとはいえ手植えの8分の1の時間で植え，慣れれば10分の1以下になると思われた．

その後の調査では生育や開花に手植えと差がなく，手植え摘芯栽培よりも秀品率がはるかに高かった．もともと，摘芯栽培に比べると無摘芯栽培のほうが品質のよい切り花になる．最近では手植えの場合でも，秀品率を高めるために無摘芯栽培をすることが多くなっている．また，無摘芯栽培をすると開花期がそろうので，いっせいに刈り取り収穫をすることが可能になる．そのために，収穫作業の労力が少なくなる．

この研究には，とりたてて新しい理論の展開があったわけではない．すでに分かっている技術を組み合わせて新しい栽培システムを開発しようとしたものである．私は，農業生産技術の開発には，こういう種類の研究も必要であると考えている．

## 3．根巻きしない育苗鉢の開発

花卉園芸には鉢物容器栽培といって，さまざまな形の容器による少量の用土で植物を栽培する分野，農業ではほかにみられない特殊な分野がある．そして，用土の種類や施肥および潅水の方法については，古くから主として趣味栽培家によって研究されてきた．私も「土壌・養水分管理」の章でそれに簡単にふれておいた．しかしながら，こういう制限された根域での根の形態や生理については，本来はその分野をもつ花の専門家が研究するべきところでありながら，ほとんど研究されていない．

容器，とくに丸い形のポットで植物を栽培すると，根はまずポットの底の周辺部に巻き，やがて上のほうの鉢壁にも巻くようになる．そういう植物を鉢から抜いて調べてみると，根は用土の中心部にはほとんど分布していない．素焼き鉢で栽培していたときには，根は酸素を求めて鉢壁に集中するのであろうと思われていたが，空気をとおさないプラスチック鉢で栽培しても同じ現象がおこる．根が湾曲すると，支根は凹の側には出ないで凸の側に出る性質があるとされている．それから考えると，根がいったん鉢壁にそって

巻きはじめると，支根は鉢の内側のほうには出ないで鉢壁の側に出るのであろう．そのために，根はいつまでも鉢壁にそってぐるぐると巻き，内部には少ないのである．湾曲の程度，すなわちポットの直径がどれぐらいになると根巻きしなくなるのかは，まだ調べられていない．

　一方，水や栄養分を吸収する根の部位は先端部に近い生き生きと活動しているところであり，古くなった部位は，極端にいえばパイプと地上部支持の役割しか果たしていない．根の先端部が鉢壁にそったところにだけしか分布していないようになると，鉢土には養水分が十分にあっても根はそれを吸収できなくなる．これがいわゆる根詰まりである．さきにも述べたように，小さな容器では根詰まりするよりもさきに植物の生長が停滞しはじめるのであるが，根詰まりすると本格的に停滞するようになる（第41図）．

　ところで，籠鉢で育てた植物を液面より上に置く方式の土付き水耕についてはさきに述べた（109頁）．カーネーションの水耕実験をしていたとき，2.5号ぐらいのプラスチック籠鉢で育成した苗があまったので，それをそのまま潅液栽培したところ，花が咲くころまで生長がほとんど停滞しなかった．鉢から抜いて根を調べてみると根巻き現象はみられず，根は鉢土内の全体に分布していた．籠の隙間から外に出た根は空気にふれてそこで生長がとまり，かわりに鉢の内部で支根が出てそれが空気にふれてまた生長がまたとまり，これがくり返されたと思われた．根が空気にふれて生長がとまり支根が出る現象を，最近ではエアー・プルーニング（air-pruning）とよんでいる．

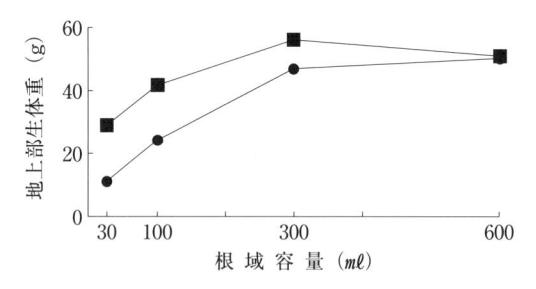

第41図　根域容量がキク'ピンキー'の鉢上げ5週間後の地上部生体重に及ぼす影響（後藤丹十郎ほか，1999，園芸学会雑誌，68巻別2）
●：1日1回潅水，■：1日8回潅水

すなわち，エアー・プルーニングされると根巻きしないのである．

そこで，JR 新幹線の水飲み場の紙コップでほんの少しずつ何杯も水を飲み，幾つかの「使い古しの」紙コップを持ち帰り，カッターナイフで籠鉢の目のような隙間をつくって実験をはじめた．その後はいろいろな大きさの紙コップを使い，側壁に穴ありと穴なし，底ありと底なしとして，いろいろな種類の植物を育ててみた．プラスチック籠鉢では苗を鉢から抜いて植えることになるが，穴あき紙ポットならそのままポットとともに植えることができるからである．現在広く使われているポリポットは，資源節約や使ったあとの処分などの点でも問題があるが，根巻きすることと苗を抜いて植えなければならないところに大きな欠点がある．ポットから苗を一つひとつ抜いていたのでは，移植の機械化は考えられない．

なお，紙コップに網目をつける手間賃が，私の停年前の給料から計算すると 1 個 400 円になった．技術あるいは商品の開発にはカネがいる．

もともと種子繁殖されていたスターチス・シヌアータは，組織培養による栄養系品種が普及し，ポリポットで育てられた苗が販売されている．この種類はとくに根巻きしやすい性質をもっていて，2 号ポットでは 30 日間，2.5 号ポットでも 45 日間以上の育苗はむずかしい．根巻きした苗は，根をほぐして植えることが推奨されている．このスターチス・シヌアータについて，挿し芽苗を鉢上げして 45 日間の育苗をした場合，60 m$l$ の穴あき紙ポット（酒などの試飲用の小さなコップ）で 2.5 号のポリポット（200 m$l$）と同等の生育をした．もちろん根巻きはしていなかった．60 m$l$ のポットでは鉢上げその他の作業がしにくいので，その後は 90 m$l$ ポット（新幹線の水飲みコップ）を使うことにした．このサイズでは，根巻きと生長停滞なしに 2 カ月間以上の育苗ができた．苗の移植に要する時間を比べたところでは，ポリポットと紙ポットとでは倍半分の違いがあった．ポリポットの苗は，ひと株ごとに右手（私は右きき）の移植ゴテを離して両手でポットから苗を抜かなければならないが，紙ポットならそれを握ったまま植えられるからである．切り花収穫後の株を翌年の 5 月に抜いたところ，ポリポットで育苗したものはほとんど抵抗なく，根はゼンマイのようになって抜けたが，穴あき紙ポットの

ものは抵抗があって抜きにくかった．

カーネーションの場合は，160 ml の紙ポット（普通のジュース用コップ）でも，生長停滞なしに 60 日間の育苗ができた．ポリポットなら，2 カ月間の育苗には 3.5 号（540 ml）が必要であり，3 号（330 ml）ポットでは 40 日間の育苗が限度である．北海道や青森など冷涼地での夏切りカーネーションは，4 月の挿し芽発根苗の直接定植では栽培期間が 6～7 カ月間であり，無摘芯栽培で株あたり 1 本の一番花を切り，二番花の全部は切りきれていないことが多い．摘芯栽培でも，1 株 3～4 本の一番花でおわっている．もし 2 カ月間の育苗をして植えると，生育期間は 8～9 カ月間となり，採花本数は格段に多くなるだろう．

まだ課題が残っている．その一つはコップの製造原価が高いことである．二つ目は，一般に売られている紙コップは，紙の両面（一部は片面）にポリエチレンの薄いフィルムがラミネートされていて，定植したあとで紙は分解するが，ポリエチレンのフィルムはいつまでも土の中に残ることである．この問題はポリエチレンをラミネートしない紙ポットにすることで解決できる．三つ目は，側面に穴があいていても，底ありと底なしとでは，底なしのほうが植え付け後の生育がよいことである．しかし，底なしにすると土が入れにくい．この問題は，底だけは側壁よりも早く分解する紙を使うことで解決されるだろう．いまその試験をしているところであり，解決のめどはついている．

現在，日本で使われているポリポットの数は 10 億とも 13 億ともいわれている．その値段は，大量に使う苗生産業者が購入するときには，2.5 号ポットで 1 円以下である．紙ポットはこれよりも高くなる．原料代が高いのではなく，製造工程が簡単でないからである．しかしながら，2.5 号ポットで 5～6 円とされる用土代が半分ですみ，移植の手間も半分になることから，1 個 3～4 円までなら実用性は十分にあると考えている．いまのポリポットが紙ポットに替わる日を夢みながら研究をつづけている．

## V. 園芸の分野における組織培養技術の利用

　園芸の分野では，栄養繁殖する種類の無病苗生産や急速大量増殖を目的として，組織培養の技術が実用的に広く利用されるようになった．たとえばジャガイモやカーネーションには，外からは健全であるとみえる植物体であっても，その組織の中にウイルスや菌，細菌などの病原体がひそんでいることがある．そういう株は，目にみえる症状はなくても生産性が低い．また，多くはあとで発病する．カーネーションについて1970年代の初期に調べられたところでは，多くの品種で100％の株がウイルスに犯されていたし，立ち枯れ性の病原菌や細菌に犯された株も50％を越えていた．この場合，健全であるとみえる植物体から普通に栄養繁殖して得られた植物体もすでに病気にかかっている．というわけで，病原体に汚染されている植物体からその病原体を抜くことは，栄養繁殖をする種類ではきわめて重要な課題であった．園芸作物，とくに花卉と果樹には栄養繁殖される種類が多い．

　また，栄養繁殖する種類でその増殖能率のわるいものでは，それを高めることも大切な課題である．たとえばラン類の多くは，交雑して優れた株を得ようとしても，それが現れる頻度はきわめて低い．そのうえ，種子発芽から開花株になるまで普通は数年かかる．ある交雑実生群から優秀な株がただ一つ現れ，その他は販売できるほどのものでないために捨てたとすると，成株になるまで長期間にわたって多数の株を育成するのにかかった経費をその1株で得なければならない．そのために，その1株はきわめて高価なものになる．たとえば交雑実生100株を5年間栽培して20万円の経費がかかったとすれば，その20万円が優秀な1株の育成経費ということになる．岡山には，「山本デンドロビウム園」というデンドロビウムの育種で有名なラン園がある．開花期の1～2月に行ってみると，売り物にならない大量のラン株を特設の焼き場で焼き捨てている．

　キクやカーネーションのようにその後の栄養繁殖による増殖がはやければ，最初の育成費は無視できるのであるが，ラン類は増殖能率が非常にわる

くて，普通は1年で1株が2株にならない．そのために，選んだ優秀な株から増やしたものも，いつまでたっても高価なものになる．かつてランは，庶民にとっては手の届かない，文字どおり高嶺の花であった．最近では，組織培養による急速大量増殖ができるようになり，栽培方法も改善されて，いまは庶民のものになりつつある．

　菌や細菌の純粋培養は古くからおこなわれていたが，高等植物の組織培養の実用的な研究がおこなわれるようになったのは1950年代のことである．その実用的な研究は，ウイルスに感染している株からウイルスのない株を得ようとすることからはじまった．1940年代に，高等植物の茎頂や根端つまり茎や根の生長点にはウイルスが少ないことが分かっていたが，フランスのMorelとMartinが1952年にダリアの茎頂を培養してウイルスのない株をつくったのが，組織培養による無病苗育成のはじまりである．彼らは，1955年にこの方法をジャガイモに応用した．さらにMorelは，ラン類の一種であるシンビジウムの栽培家にウイルス汚染株からウイルスを抜くことを依頼されて，1960年にそれに成功した．このときMorelは，シンビジウムの茎頂を培養していると一つの茎頂が短期間のうちに生長して多数の芽をもった塊になること，多くの芽がついたその塊を分割して継代培養すると，栄養繁殖によるランの急速大量増殖ができることを発見した．

　日本では1958年ごろから，当時の農林省農事試験場で森寛一氏らが茎頂培養によるウイルス汚染株の無ウイルス化を試み，1965年にはすでにサツマイモ，ジャガイモ，イチゴ，ユリなどの無ウイルス株を得ていた（森寛一，農業および園芸，1965）．また，香川大学農学部の狩野邦雄教授が，1964年にシンビジウムの急速大量増殖を目的とした茎頂培養の研究を開始し，1966年春の園芸学会全国大会でその手法と成果を発表した．これが，日本の園芸分野における組織培養研究のはじまりである．狩野教授は，ひきつづいてカーネーションの無ウイルス化をはかり，翌1967年春の園芸学会でその結果を報告した．

　ただし，園芸の分野における組織培養の研究には前史がある．狩野教授は京都大学農学部助教授の時代に，トマト果実の発育メカニズムを調べる目的

で，1955年ごろからその子房培養をおこない，1957年春の園芸学会でその成果を報告した．同じ日の同じ会場で，当時の農林省農業技術研究所園芸部（現野菜茶業試）の西　貞夫・川田穣一氏が胚培養に関する研究を発表している．西氏らはこの胚培養の技法を使って，のちにハクサイとカンラン（キャベツ）の種間雑種，いわゆるハクランの作出に成功した．

　1965年には，私は香川大学で狩野教授とともに仕事をしていた．そのころ，この組織培養の技術はなにに使えるだろうか，と二人で議論したことがある．そのときの結論は，① 無病苗の育成，② 栄養繁殖能率の悪い種類の急速大量増殖，③ 育種，④ 特殊組織の培養・増殖，に使えるだろうということであった．育種というのは，まだ細胞融合のことは想定しておらず，花粉培養による半数体の育成とその倍数化による一代雑種（$F_1$）品種の育成を考えていた．また特殊組織の培養は，たとえばトマト果実の果肉組織をばらばらにしてタンクで培養し，組織がよく増殖したところで特殊な物質を加えれば，赤く着色してトマトジュースができるのではなかろうか，という程度のものであった．この四つの使い道はいまも変わっていない．ただし，果肉組織の培養でジュースをつくることには，まだ成功していない．果肉組織を培養しても，それは脱分化して，根や葉の組織からのものと同じになるからである．私は，組織培養には脱分化防止の研究が必要だし，そのほかにショ糖ではなしにデン粉での培養を研究する必要があると考えている．

　園芸の分野で組織培養の技術が実用的に使われているのは，このなかの無病苗の育成と急速大量増殖を目的としたものである．そのための数多くの研究が，多数の研究者たちによって実施され，多くの種類で培養と増殖に成功している．その研究の多さは，さきに第3表（20頁）でみたとおりである．しかしながら，それらの研究成果が実用化された種類はあまり多くはない．花卉ではラン類，カーネーション，シュッコンカスミソウ，ガーベラ，スターチス（リモニウム）などがあり，野菜ではジャガイモ，サツマイモなどで，比較的に少ない．

　その原因は培養苗の生産コストが高いことにある．私の試算では，たいていの種類が，培養容器から出して普通の培養土に植えた時点で，苗1本が70

円以下にならない．その後の成苗に育てるまでの経費も加わるから，培養苗をそのまま販売しようとすれば，かなり高価なものになる．種苗会社の花のカタログをみると，培養苗として販売されているのは，① ラン類のようにもともと苗単価の高いもの，② カーネーションやシュッコンカスミソウのように，培養して得られた苗をもとにして，挿し木など普通の繁殖法で簡単に増やせるもの，③ ガーベラや宿根スターチスのように，一度植え付けると何年間も据え置いて栽培するもの，④ スターチス・シヌアータのように特殊な栄養系品種に限られている．園芸の分野では組織培養の研究は大きな成果をあげてきたが，さらに多くの種類で実用化をはかるためには，培養から成苗にいたるまでの苗生産コストを節減する研究が必要である．

　培養苗の生産コストを節減する目的で，私たちは培養容器がそのまま育苗容器，運搬容器となり，最後はそれを移植機に装着してそのまま機械移植のできる培養方法の開発を試みた．現在，実用的な苗生産の場合も，培地には寒天あるいはそれに類似したものを用いている．寒天で培養した苗は，容器から出して通常の培養土に植え替えなければ育苗できない．容器から出して寒天を洗い落とし，培養土に植えるのに手間がかかり，またその後の順化に失敗することも多い．寒天培地は植物の栄養分を含んでいないので，植物が必要とする物質をさがすなどの研究用としては非常に便利であるが，研究用の培地をそのまま実用的な培養に用いるのには問題がある．そこで，寒天を用いない固形培地ということで，セル成型トレイを用いてそのセルにパーライトとバーミキュライトを混合した固体支持培地を詰め，それを外容器に入れ，培養液を注入して培養する方式を考案した．いまでいう養液土耕栽培の組織培養版である．パーライトとバーミキュライトは，粒径2mm以下のものを等量ずつ混合するのがよかった．初代培養として茎頂を植え付けるときだけは寒天培地とするが，その後の増殖培養と最終培養にはこの固体支持培地を用いる．節培養で増やすときの「挿し穂」をとったあとの母株は，温室や畑の挿し木母株と同じように栄養液を補給（潅液）して培養を継続する．この方式によると，培養外容器からセルトレイを取り出したあとは，大量潅水して培地の糖を洗い流すだけで同じトレイで順化，育苗ができ，苗生産コ

ストはかなり節減できる．ただし，普通のセルトレイが入るような大きな外容器が開発されていないために，まだ実用化には至っていない．

　なお最終培養はできるだけ短いのがよく，苗が発根さえすれば容器から出して植えるのがよい．その際，植え出しの1週間ぐらい前に容器の蓋をあけて順化しておけば，はじめから普通の培養土に植えてよい．容器の中と外とでは，植物の生長速度がおおきく異なる．それは蒸散量の差による．従来のやりかたでは最終培養の期間が長すぎであり，その間の生長が遅いだけでなく，植物が大きくなりすぎて順化に失敗することが多かった．それが培養苗の生産コストを引き上げる原因にもなっている．

　たくさんの研究「成果」がありながら，それが実用化に結び付かないのはなぜか．私には，研究者の姿勢に問題があるように思われる．私たち研究者は，ともすればほかの研究者，それも同じ研究分野の数少ない研究者を意識し，その人たちに評価してもらうために研究する傾向が強い．私にもその覚えがないわけではない．しかしながら，もっと視野を広くして，園芸そのものの発展を意識して研究することが大切だと思う．

# VI. 花序の構成と発達
## ―良品生産のために―

　われわれが花を観賞するとき，多くの場合は一つひとつの花ではなくて花の集まりで観賞している．一つの茎についている花の集まりを花序という．単一の花つまり単頂花序で観賞するのは，たとえばチューリップやケシ，1茎1花のスイセンなどごくわずかであって，私が調べたところでは90％以上の種類が花序で観賞される．キクやカラーは単一の花のようにみえるが，キクは舌状花と管状花からなる頭状花序であり，カラーは肉穂花序であって美しく着色しているのは花の一部ではなくて苞葉である．アンスリウムやスパティフィラムもカラーと同じ肉穂花序である．また，カーネーションやバラは本来的には花序を形成するのであり，スプレイはそのまま穂咲きに咲かせ，スタンダードは脇芽をとって1茎1花（単頂花序ではない）にしている．スイセンにしても，房咲きスイセンは花序を形成するし，チューリップにも花序になる品種がある．とにかく，大部分の種類の花は花序で観賞されている．

　そして，その花序がどのような状態であるのか，たとえば穂状花序であるストックやキンギョソウの一つの茎にどれだけの数の小花がついているのか，岐散花序のシュッコンカスミソウの花序軸の分岐がどうであり，小花がどれだけの数であるかなどは，花としての品質に大きく影響する．そうではありながら，花卉園芸の分野では，花序の構成と発達についての研究はきわめて少ない．あるのは，極端なことをいえば，キク科植物の頭状花序の舌状花と管状花の数と比率をみた研究，あるいはベゴニア類の雄花と雌花のつきかた，つまり性表現の問題についての研究ぐらいのものである．いずれの場合も，花序そのものを問題にしているわけではない．というわけで，花卉園芸にとって花序問題はきわめて重要でありながら，不思議なことにそれはうち捨てられてきた．園芸の書物では，キクの「頭状花」または「頭花」とい

う言葉はあっても,「頭状花序」という言葉はほとんどみられない．花序という言葉さえ忘れ去られている．

　私が花序に関心をもつようになったのは，ベゴニア・ルツェルナとポインセチアの花序の観察からである．ベゴニア・ルツェルナは腋生の岐散花序を形成する．はじめは目立たない雄花が1個だけつき，その下の二つの苞葉の腋芽が発達して4枚の苞葉と2個の雄花となり，それぞれの苞葉腋芽がまた苞葉と雄花になって8枚の苞葉と4個の雄花がつく．花序軸はこの岐散型分岐をくり返して雄花が倍々と増え，最後に雌花がつく．雌花の下には苞葉がなくて腋芽もないので，それでゆき止まりである．はじめの雄花がついた花序軸を0次とすれば，それが1次，2次と分岐するたびに花の数は2倍，4倍になる．すなわち，分岐次数が n 次のときの花数は $2^n$ 個になる．普通は4〜5次で分岐がとまり，そのときの雌花の数は16または32個である．私は，この花序軸の分岐を6次以上に増やして64個以上の雌花をつけてみようと考えた．大きな植木鉢で栽培し，周到な養水分管理によって篠竹のような太いシュートを生長させ，花序を一つだけ残してほかを摘除することによって，全部の花序軸を6次まで，その一部を7次まで分岐させて108個の雌花をつけさせることに成功した．全部を7次まで分岐させれば128個になるところであったが，そこまではいかなかった．なお n 次の花が咲くときには，n−1次の花はすでに脱落している．

　ポインセチアはシュート頂部に一つの杯状花序がつき，典型的にはその下が三つの枝に分かれ，それぞれが頂部に杯状花序を形成してその下が二分岐する岐散型の複合花序を構成する．私たちはこれを単位複合花序とよんでいる．この単位複合花序は，はじめは花序軸が二分岐して杯状花序が2個，4個に増えるが，普通はそこで二分岐がとまり，それからあとは一方の杯状花序がアボート（中絶）する．そのために，花序軸の数は増えないで互散型の複合花序になる．ポインセチアで美しく着色するのは，杯状花序の下につく苞葉である．その苞葉の腋芽が生長して次の苞葉と杯状花序になる．外見的には，一つの杯状花序がはじめは2枚，のちに1枚の苞葉をもつようにみえるが，顕微鏡でそれらの発達過程を観察すると逆である．杯状花序の下に2

枚の苞葉がつくと苞葉の腋芽が生長して軸が二分岐し，1枚しかつかなかったときにはその苞葉腋芽だけしか生長しないので，軸は分岐しないで互散型分岐になる．それはともかく，軸が二分岐するはじめの間は苞葉が2枚，4枚と倍増するが，軸が分岐しなくなると1枚ずつしか増えない．もし二分岐の次数を一つでも増やすと，そこで苞葉の数は2倍になる．なんとか二分岐する回数を増やせないものかといろいろ試みてみたが，サイトカイニン散布がいくらか効果があるぐらいで，この場合の花序構成の制御はむずかしかった．

このようにして花序に興味と関心をもつようになったが，それでは花序についてどのような研究がなされているのだろうかと思って花卉関係の文献を調べてみた．そこで気づいたのが，花卉園芸の分野でこの問題を扱った研究がほとんどないということである．

## 1. 花序の構成と発達の規則性と可変性

花序というのは枝の上での花の配列状態をあらわす言葉であるが，同時に配列している花の集まりも花序という．一つひとつの花がついている茎の部分を花序軸とよぶ．普通の花序は花序軸，苞葉（小苞），小花柄および小花からなっているが，なかにはキク科植物の頭状花序やカラーの肉穂花序のように小花柄を欠くものもある．また頭状花序でも，ダリアは一つひとつの小花に1枚ずつ小苞がつくが，キクにはそれがない．ただし，長日条件で花芽を形成したときには，キクにも緑の小苞がつくことがある．

花序軸の分岐と小花のつきかたは，植物の種類によっておおよそ決まっている．ここで「おおよそ」というのは，あとで述べるように一部に例外的な現象がみられるからである．また，「例外」ではなくて「例外的」という言葉にも意味がある．そうであるとはいえ，花序軸の分岐のしかたは種によって決まりがあり，それはシュートの分岐つまり分枝が種によって決まっているのと似ている．その分枝のタイプは二叉分枝，単軸分枝，仮軸分枝，多軸分枝に分けられる．二叉分枝は原始的なタイプで，二つに分かれた枝の両方が同じ勢力をもつ．単軸分枝は種子植物でもっとも普通にみられ，主軸が生長

1. 花序の構成と発達の規則性と可変性 ( 167 )

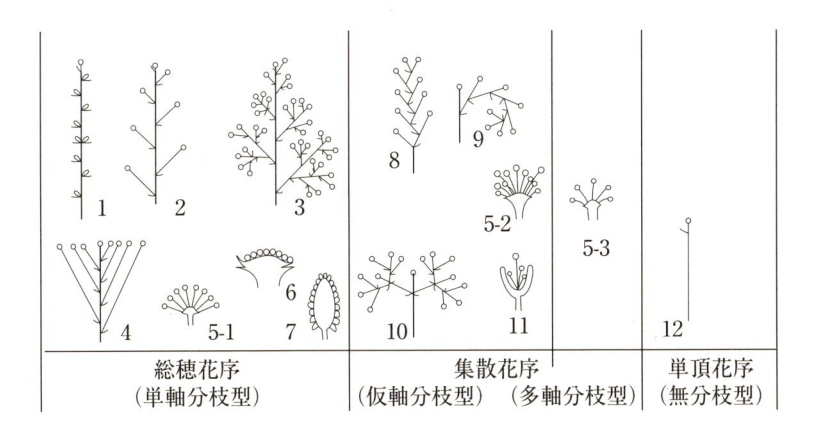

第42図　主要花序の模式図（小西国義，1991，花の園芸用語事典，川島書店）
1：穂状花序　　2：総状花序　　3：円錐花序　　4：散房花序
5：散形花序　　6：頭状花序　　7：肉穂花序　　8：互散花序
9：巻散花序　　10：岐散花序　　11：杯状花序　　12：単頂花序

しながら側芽が生長して枝になる．仮軸分枝は軸の生長がとまるか先端が花または花序になり，かわって側枝が主軸になるのをいい，多軸分枝は，同じところから三つ以上の枝が出るのをいう．花序軸の分岐もこれに準じて分けることができる．ただし，花序には二叉分枝型はみられない．その軸の分岐タイプにしたがって主要な花序を分類したのが第42図である．

一般に花序は総穂花序と集散花序に大別され，また軸の上で花が咲く順序の方向によって有限花序と無限花序とに分けられる．軸の上から下に向かって咲くのが有限花序，その逆が無限花序である．ただし，この分類はできあがった花序の外見的な形態によるものであって，それが形成される過程を顕微鏡で観察すると単純ではない．第42図のように，総穂花序とされてきた散形花序には，*Ammi majus*（俗称ホワイトレース・フラワー）のような単軸分枝型（5-1）のものがあるほかに，ゼラニウムのような仮軸分枝型（5-2）やリコリス，アルストロメリアのような多軸分枝型（5-3）のものがある．分岐のタイプからみると，あとの二つは集散花序とするのが適当である．ゼラニウムは生長点が肥大して花床となり，その周縁部に総苞が，中心部にまず

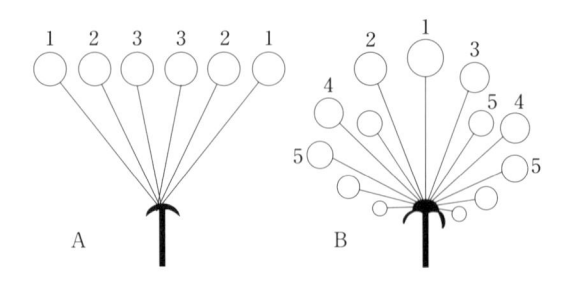

第43図　散形花序の模式図（林　孝洋ほか，1988，園学要旨，昭63春）
　　　　図中の数字は開花の順番を示す．
　　　　A：Camefortら（1980）による．
　　　　B：ゼラニウム花序の観察例

1個の小花ができ，その小花柄の基部に次の小花が分化し，これをくり返す（第43図）．小花柄が花床に直接つく点では散形花序であるが，小花柄のできかたは仮軸分枝型である．リコリス類や房咲きスイセンは，生長点が肥大して何個かの小花原基が同時に分化する多軸分枝型である．アルストロメリアは花序軸が一次，二次と分岐するが，一次の分岐は多軸分枝型であり，複数の花序軸原基が同時に分化する．

　なお，集散花序は有限花序とされてきたが，仮軸分枝型のものは軸が無限に分岐する可能性をもつ場合が多い．ポインセチアの複合花序の軸は，はじめは岐散型，のちに互散型の分岐をするが，高温・長日のもとでは苞葉腋芽が栄養枝になり，それがやがて幹にもなる．したがって，上から下へ向かって花が咲くからといって開花あるいは生長が有限であるとは言い切れない．

　ところで，さきに，「花序軸の分岐と小花のつきかたは植物の種によっておおよそ決まっているが，例外的な現象がみられる．」と述べた．その例外的な現象は，たとえば岐散花序，互散花序および巻散花序にみられる．これら三つの花序は，できあがったものの外見的な形は異なるが，その基本となるのは軸が二分岐する岐散型分岐である．それらの花序の発達過程を観察すると，分化した二つの軸の一つが早々にアボート（中絶）し，残りの一方だけが発達すると互散花序または巻散花序になる（第44-1図，第44-2図）．たと

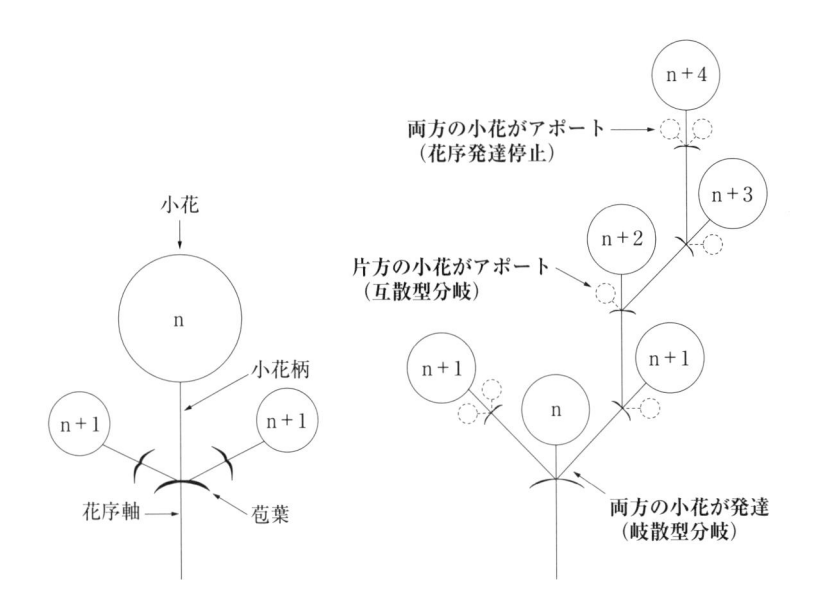

## 1. 花序の構成と発達の規則性と可変性

**第44-1図** 岐散型分岐の模式図（林孝洋, 1991, 学位論文）

**第44-2図** 高次の分岐でみられる小花のアボーションの様相（林孝洋, 1991, 学位論文）

えばカランコエは，軸の分岐が低次のあいだは岐散型であるが，分岐をくり返すうちに一方の軸がアボートして互散型分岐になり，やがて両方の軸がアボートして花序発達を停止する．シュッコンカスミソウも同様である．これらでは発達する花の下に苞葉が対になってつき，その腋芽がアボートして互散型の分岐あるいは花序発達の停止が起こるが，ポインセチアでは苞葉がさきにアボートする．すなわち花（杯状花序）の下に苞葉が2枚つけば岐散型，1枚のときは互散型の分岐になる．なお，軸のアボートが左右交互に起こると互散花序，常に一方側であると巻散花序になるのであるが，私たちは巻散花序についてはまだ調べていない．

　カランコエやシュッコンカスミソウなどの花序がはじめの岐散型からのちに互散型へ変わるのは，このように二分岐する軸の一方がアボートするからであるが，同じ変化をするベゴニア・センパフローレンスの場合は少し違う．

ベゴニアは雄花が分化するとその下に2枚の苞葉と2個の腋芽が分化するので軸が二分岐し，軸の数が増えるが，二つの軸の一方に雄花，他方に雌花が分化すると，雌花には苞葉がつかないのでそちらの軸は行き止まりになる．これがくり返されると互散花序になり，花序軸は1本の長い紐のようになる．

　以上みてきたのは花序型にみられる可変性であるが，花序の構成と発達の可変性にはもう一つある．それは，花序型は変わらないで小花の数が変わる場合である．小花数が変化するのは，一つひとつ例をあげるまでもなく，すべての花序でひんぱんにみられる．キンギョソウやストックは穂状花序であり，それは無限花序とされるが，開花する小花の数には限りがある．植物体の状態，とくに葉面積によって花の数は大きく変動する．小花数には光合成産物の量が影響するらしく，発達中の小花を蕾のうちに摘除すると，小花の分化はいつまでもつづく．砂糖を加えた水にそれらの切り花を挿しておくと，開花する小花の数が増える．同じようなことは，さきにベゴニア・ルツェルナでみたところであるし，カランコエも，花序軸の先端部分が互散型分岐をするようになったあとで，開花後の果実と花および花蕾をすべて除去すると，やがて再び岐散型の分岐をするようになる．また，減光処理すると，小花数が減少する．花1個（厳密には花の単位重量）を育て上げるのに必要な光合成産物の量は決まっているらしい．

## 2．花序の構成と発達の制御

　花序型および小花数に可変性がみられるので，栽培管理によって花序の構成と発達が制御できるはずである．ところが実際にためしてみると，花序に転流する光合成産物の量によって小花数を変えることはできても，そのほかの方法での制御はかなりむずかしい．ここでは，光合成産物によるものも含めて，特殊な処理による花序制御の例をいくつか述べる．

① シュッコンカスミソウ

　シュッコンカスミソウの学名　*Gypsophila paniculata* L. の種名 paniculata は「円錐花序の」という意味である．その花序を模式化して示すと第45図

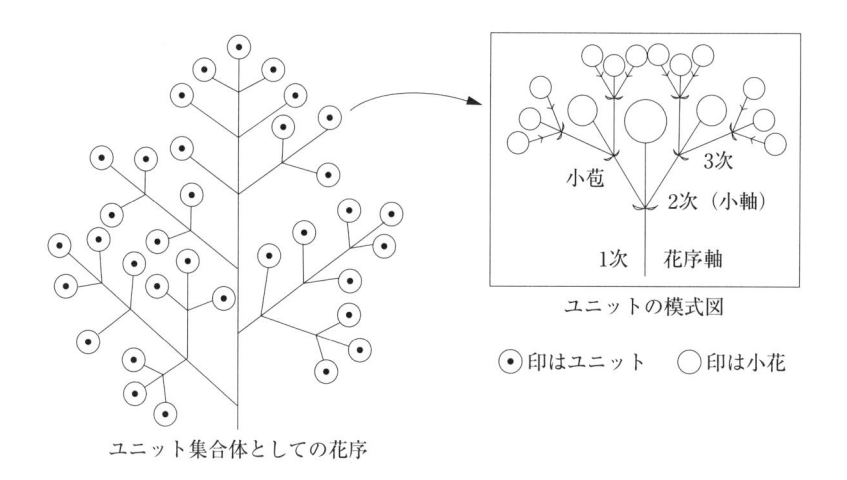

**第45図　シュッコンカスミソウの花序とユニットの模式図**
（林　孝洋，1991，学位論文）

のようであり，それは円錐花序のように分岐（単軸分枝）した多数の枝または花序軸と，その先端部に形成された小軸が二分岐する岐散花序とによって構成されている．花序軸の先端部につく岐散花序を，私たちは花序ユニットとよんでいる．シュッコンカスミソウの場合，このユニットのつき方が円錐花序のようだということである．カランコエやベゴニアでは分枝と花序との区別がはっきりしているが，シュッコンカスミソウはそれがはっきりしない．実際には岐散花序が円錐花序状に配列した複合花序ということであろう．

シュッコンカスミソウの一つのシュートにつく小花の総数は，花序ユニットの数とそのユニットのなかでの小花数によってきまる．そして，花序ユニットの数は分枝の数とその上での花序軸の分岐数によってきまり，ユニット内での小花数は小軸が何次まで分岐するかによる．図にも示しているように，上位の節からは同時に二つの花序ユニットあるいは枝が出るが，二出するのは通常4〜5節までであり，それより下は1節1枝になる．栽培条件によって枝が二出する節数が変わるし，また枝の上でのユニットの数も変わる．だいたいは，主茎の断面積が大きいほど枝数およびユニット数が多く，

VI. 花序の構成と発達

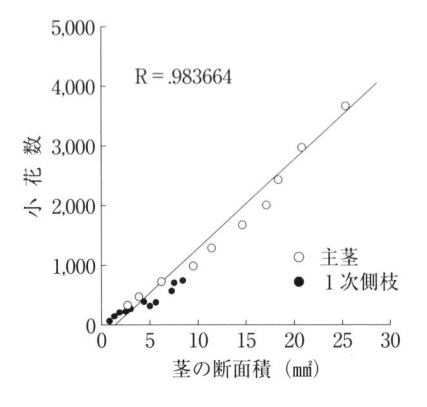

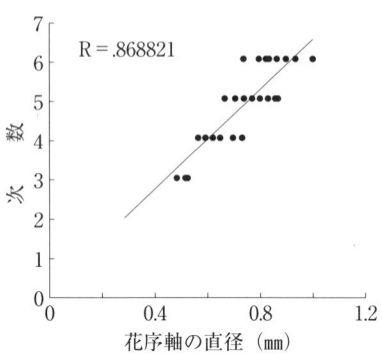

**第46-1図** シュッコンカスミソウの茎の断面積と小花数との関係（林 孝洋，1991，学位論文）

**第46-2図** 花序軸の直径と発達した小花の最高次数（林 孝洋，1991，学位論文）

小花数が多い（第46-1図）．またそれぞれの花序ユニットについてみると，その花序軸が太いときに分岐次数が高くなり，したがって小花数も多くなる（第46-2図）．

シュート上位節の分枝あるいは花序軸の分岐，さらには花序の小軸の分岐がこのようであるから，シュートあたりの小花数は栽培条件，とくにシュート密度によって変わる．内のりが36 cm × 60 cm × 深さ18 cm（面積0.22 $m^2$，その箱を並べると1箱あたり0.25 $m^2$）の木箱を用い，植え付け株数と株あたり仕立て本数を変えて，シュート密度がシュートあたりおよび土地面積あたりの小花数に及ぼす影響をみた結果は第14表のようであった．それによると，シュート密度が低いほど1本あたりの切り花重が大きく，小花数は多かった．面積あたりでみると，シュート密度がある限界までは小花数は多くなったが，その限界をこえるとほぼ一定となり，その数は約165,000個/$m^2$であった．普通の栽培条件では，土地面積あたりの小花数はほぼ一定だということになる．小花数が多くて品質のよい切り花を数少なく切るのがいいのか，1本あたりの小花数は少ないが本数を多く切るのがいいのかは，そのときの切り花の相場によってきまる．

ところで，シュッコンカスミソウの上位節からは枝あるいは花序ユニット

## 2. 花序の構成と発達の制御

第14表 シュート密度（株密度と仕立て本数）が切り花の形質に及ぼす影響
(林 孝洋, 1991, 学位論文)

| シュート密度 | | 切り花重 (g/本) | シュートあたりユニット数 | シュートあたり小花数 | $m^2$ あたり小花数 |
|---|---|---|---|---|---|
| 株×本 | 本/$m^2$ | | | | |
| 6×3 | 72 | 61.2 | 329.8 | 2,325.2 | 167,414 |
| 8×2 | 64 | 70.2 | 330.6 | 2,544.7 | 162,858 |
| 6×2 | 48 | 85.5 | 448.4 | 3,450.8 | 165,640 |
| 4×3 | 48 | 89.6 | 468.3 | 3,440.7 | 165,154 |
| 3×4 | 48 | 84.0 | 368.8 | 2,931.5 | 140,710 |
| 4×2 | 32 | 125.6 | 585.5 | 4,971.5 | 159,088 |
| 6×1 | 24 | 165.5 | 689.1 | 5,847.8 | 140,348 |
| 2×2 | 16 | 217.6 | 872.8 | 7,670.6 | 122,728 |
| 1×2 | 8 | 273.0 | 952.5 | 10,086.7 | 80,695 |

36 cm × 60 cm × 深さ 18 cm (0.22 $m^2$) の木箱植え．箱を並べたときの面積は 0.25 $m^2$

が二出するのであるが，それは4または5節までであり，6節以下には一つしか出ない．もし6節以下にも二つの枝を出させるならば，花序ユニットの数が増え，小花数も増えるだろうと考えて，サイトカイニンの散布を試してみた．その結果，花芽分化直前にBAの25～50 ppmを散布することによって枝数と花序ユニットを増やすことができた．しかしながら，小花数は増えなかった．花序ユニットの小軸は，普通は5～6次まで分岐するのであるが（第46-2図），BA処理で枝数が増えるとそれが4次ぐらいでとまり，ユニットあたりの小花数が減ったからである．ただし，6次まで分岐すると切り花収穫のときに未開花の蕾が目立つが，4次で分岐がとまると開花の揃いがよくなる．

② キ ク

キク科植物の花は，花序軸である花床と多くの小花からなる頭状花序である．周縁部には舌状花が，中心部には管状花がつく．普通のキクで八重咲きとされるのは，舌状花が多くて管状花の少ない花序のことである．この舌状花と管状花の数と比率は栽培条件によって変動する．一般に，短すぎる日長と低い温度で花芽が形成されたときに舌状花が減って管状花が増える．電照栽培で晩秋や冬に電照を打ち切って花芽形成させたとき，八重咲きの品種が

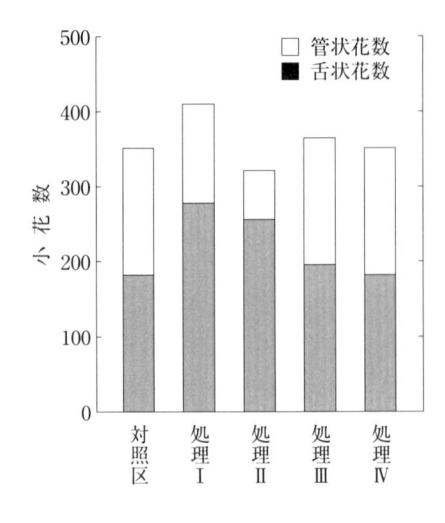

第47図 減光処理がキクの花序構成に及ぼす影響（林　孝洋ほか，1988，園学要旨，昭63春）
処理Ⅰ：短日開始後　1〜10日
処理Ⅱ：同　　　　 11〜20日
処理Ⅲ：同　　　　 21〜30日
処理Ⅳ：同　　　　 31〜40日

半八重になり，中心部の管状花が目立つようになることがある．こういう現象を露心，その花を露心花とよんでいる．八重咲きの品種が露心すると，品質はいちじるしく低下する．キクの冬切り栽培では，しばしばこの露心が問題となる．

　キクの冬切り栽培では，露心のほかに，上位葉が小さくなる「うらごけ」とよばれる現象がみられる．これも切り花品質を悪くする．これらは花芽形成のときの日長が短すぎることから起こるということで，電照を打ち切って花芽形成がはじまったところで再び電照する方法が研究された．これは露心と「うらごけ」防止にかなりの効果がある．しかしながら，再電照の適切な開始時期と期間が品種とそのときどきの温度その他の条件で異なるなど，実際問題としては普及しにくい技術である．

　ところで，私たちは花序問題の研究の一つとして，受光量と花序の構成および発達との関係をみるために，キクをかんれい紗で覆う減光処理をおこなったことがある．弱い光のもとでは花床が小さくなり，小花数は減るだろうと考えた．ところが予測に反して，弱い光のもとで花芽形成すると上位葉が大きくなり，舌状花が増えて管状花が減る現象がみられた．これは露心と「うらごけ」防止になるのではなかろうかと考えて，減光処理の時期と期間に

ついて調べた．その結果，短日開始の7～10日後から7～10日間だけ40％遮光の黒かんれい紗3枚で減光処理（遮光率約80％）することにより，舌状花を増やして管状花を減らすことができた．第47図では，短日開始直後および11日後からの10日間の減光処理で効果があるようになっている．その後の実験で，適切な処理開始時期と期間にはかなりの幅があることがわかった．なお，この処理は露心防止とともに「うらごけ」防止にも効果がある．さらに，「福助作り大菊の栽培基準」で述べたように，観賞菊でこの処理をおこなうと花が大きくなり，厚物に走り弁が出て厚走りになるなど，花の品質改善に役立つ．

このほかにも，いろいろな種類で研究したが，ここでは省略する．私たちの花序問題の研究は，事情があって，おもしろくなったところで中断されたままになっている．誰かが引き継いで研究していただきたいと願っている．

## あとがき

　ある会議がすんだあとで，花卉園芸を専門とする数人が雑談をしていたとき，後輩の一人が，「小西さんたちの世代が何もかも研究してしまった．少しは後輩のためにテーマを残しておくもんですよ．私たちのすることといったら，もう DNA ぐらいしか残っていないではないですか．」と言いだした．もちろん半分は冗談であるが，「もう研究テーマがない．」というのは，しばしば聞かれる若い人たちの言葉である．はたしてそうであろうか．私には，そうだとは考えられない．他人の書物や論文からテーマを探そうとすれば，あるいはそのとおりかも知れない．しかしながら，園芸の実際に目を向けると，解決しなければならない研究課題は無数にある．現在の日本園芸が順風満帆の進展をしているわけでもなく，それが抱えている問題は多い．

　花序問題についての私たちの研究は，事情があって中断されたままになっている．誰かあとを引きついで研究していただきたい．本文中でも述べたことであるが，大部分の種類の花は花序で観賞される．そして花の着き方は切り花や鉢花の品質を決める重要な要素である．そうでありながら，花序の研究は植物形態学や分類学の人たちがおこなっていて，花卉園芸の人たちは花序問題をほとんど研究していない．花の育種家たちも，花の着き具合は問題にするが，「花序の構成と発達」という観点が抜け落ちている．花序問題は花卉産業にとって重要な課題なのであるから，その研究は植物学者にまかせるのではなく，花卉園芸の研究者が中心になって行うべきことだと思う．

　また，根の形態や生理の問題についても，文献を探しても出てくるのは植物学者のものか一般作物の研究者のものばかりである．畑やハウスの地床で花を栽培するときには，それらの研究成果が役に立つ．しかしながら，揚げ床や容器での栽培のように制限された根域での根の形態や生理を知ろうとするときには，それらの研究はあまり役に立たない．花卉園芸には，鉢物容器栽培という特殊でしかも重要な分野がある．制限された根域での根の問題も，花卉園芸を専門とする人たちが主体的に研究するべき課題である．私の「根巻きしない育苗鉢」の研究といっても，もうそれは隠居仕事にしかすぎな

い．根の形態と生理というもっと広い視野で，誰かに引きついでいただきたいと思っている．

　このほかハウス土壌の問題，養水分管理の合理化とシステム化の問題，セルトレイでの苗生産の問題など，園芸の発展のために解決しなければならない課題は多い．これらについては，本文のなかで問題点を指摘しておいた．

　なお一言つけ加えれば，花卉園芸の分野で研究がまったく欠落しているのは盆栽や庭木の生理学である．これらも花卉園芸の人たちの研究課題であろうと思われるが，誰もやっていない．普通の栽培の研究は，植物をどれだけはやく生長させるかという観点でおこなわれる．盆栽はそれと逆であって，いかにして生長させないで現状を維持するかが課題となる．庭木の場合もそうである．こういう研究をしておれば，すぐに世界的な権威になれるだろう．

　日本には「三代将軍家光公ご愛用の松」というのが現存する．私は盆栽の本でその写真を見たことがある．約350年前にすでに立派であっただろう盆栽松が今も盆栽でありつづけるとは，考えにくいことである．たとえば1年に1mmずつ生長したとしても，350年では35cm伸びることになる．2mmずつなら70cmであり，それではもう盆栽でなくなる．どうして何百年間も盆栽でありつづけることができるのか，私には不思議でならない．私も研究してみようと思ってクロマツの種子をまいて育てているが，盆栽らしい形，「盆栽もどき」になったところで停年退職ということになった．もっと若いときに研究を始めるべきであったと悔やまれてならない．

　私のモットーは「まず自分の頭で考えよう．考えたらすぐやってみよう．そのうえで，もう一度考えよう．」である．園芸の実際をよくみて自分の頭で考えれば，研究テーマは無数にある．それでも一人でできる仕事には限りがある．「日暮れて道なお遠し．」を実感している．

| R | 〈日本複写権センター委託出版物・特別扱い〉 | |
|---|---|---|
| **2000** | 2000年4月20日 第1版発行 | |
| 花卉園芸の進展 | | |
| 著者との申し合せにより検印省略 | 著作者 | 小西　国義 |
| | 発行者 | 株式会社　養賢堂<br>代表者　及川　清 |
| ©著作権所有 | | |
| **本体 2600 円** | 印刷者 | 株式会社　丸井工文社<br>責任者　今井　正作 |
| 発行所 | 〒113-0033 東京都文京区本郷5丁目30番15号<br>株式会社 養賢堂　電話 東京(03)3814-0911［振替00120<br>FAX 東京(03)3812-2615　7-25700］<br>ISBN4-8425-0057-3 C3061 | |
| PRINTED IN JAPAN | 製本所　株式会社丸井工文社 | |

本書の無断複写は、著作権法上での例外を除き、禁じられています。
本書は、日本複写権センターへの特別委託出版物です。本書を複写される場合は、そのつど日本複写権センター(03-3401-2382)を通して当社の許諾を得てください。